Mienert/Scherer

MARKETING FÜR DIE GENERATION X

Mienert/Scherer

MARKETING FÜR DIE GENERATION X

So erreichen Sie die 16- bis 29jährigen

SPRINGER FACHMEDIEN WIESBADEN GMBH

Die Deutsche Bibliothek – CIP-Einheitsaufnahme

Mienert Irmela:
Marketing für die Generation X : So erreichen sie die
16- bis 29jährigen / Mienert/Scherer. - Wiesbaden : Gabler, 1998

Alle Rechte vorbehalten
© Springer Fachmedien Wiesbaden 1998
Ursprünglich erschienen bei Betriebswirtschaftlicher Verlag
Dr. Th. Gabler GmbH, Wiesbaden, 1998
Softcover reprint of the hardcover 1st edition 1998

Lektorat: Margit Hübner / Ulrike M. Vetter

http://www.gabler-online.de

Höchste inhaltliche und technische Qualität unserer Produkte ist unser Ziel. Bei
der Produktion und Verarbeitung unserer Bücher wollen wir die Umwelt schonen:
Dieses Buch ist auf säurefreiem und chlorfrei gebleichtem Papier gedruckt. Die
Einschweißfolie besteht aus Polyäthylen und damit aus organischen Grundstoffen,
die weder bei der Herstellung noch bei der Verbrennung Schadstoffe freisetzen.

Die Wiedergabe von Gebrauchsnamen, Handelsnamen, Warenbezeichnungen usw.
in diesem Werk berechtigt auch ohne besondere Kennzeichnung nicht zu der
Annahme, daß solche Namen im Sinne der Warenzeichen- und Markenschutz-
Gesetzgebung als frei zu betrachten wären und daher von jedermann benutzt
werden dürfen.

Umschlaggestaltung: Schrimpf und Partner, Wiesbaden

ISBN 978-3-663-05834-2   ISBN 978-3-663-05833-5 (eBook)
DOI 10.1007/978-3-663-05833-5

Vorwort

Der Wertewandel der letzten Jahre hat zu einer immer weitergehenden Differenzierung und Individualisierung im Verbraucherverhalten geführt. Der Verbraucher von heute zeichnet sich durch ein hohes Maß an Sprunghaftigkeit und Widersprüchlichkeit aus; dadurch wird er zunehmend unberechenbarer. Diese Entwicklung erschwert einen Kern des modernen Marketings: die Bildung von Zielgruppen.

In einer bestimmten Gruppe hat dieser Trend vielleicht seinen Höhepunkt gefunden: in der „Generation X" (kurz auch „G X" genannt). In den frühen 90er Jahren kreierte der kanadische Autor Douglas Coupland diesen Begriff durch die Publikation seines gleichnamigen Romans. Obwohl Coupland für die dort beschriebene „Generation X" ein etwas anderes, exzentrischeres Charakterbild entwirft, wurde der Begriff nur wenig später auch von deutschen Marketers für die schwierige Zielgruppe der 16- bis 29jährigen Jugendlichen und jungen Erwachsenen übernommen.

Selbst bei Marktführern der Markenartikelindustrie zeigt sich zum Teil eine große Unsicherheit, wie die „richtige" Kommunikation mit dieser Zielgruppe auszusehen hat. Die Unwissenheit hinsichtlich Ursachen und Ausprägung des „G X"-Phänomens ist immer noch groß. Kreative, die häufig in großen Scharen den geplagten Strategen zur Hand gehen, kennen zwar die Zeichen der Zeit und sind so immer besser in der Lage, auf der „großen bunten Oberfläche" mitzusurfen, können aber nur äußerst selten längerfristig wirkliche Erfolge für das jeweilige Unternehmen im „G X"-Markt erzielen. Nur wer sich wirklich die Mühe macht, Zusammenhänge und Hintergründe zu verstehen, wird bei dieser Zielgruppe auch langfristige Erfolge und damit Wettbewerbsvorteile gegenüber „Langschläfern" realisieren können. Ob Sie nun in Unternehmen, Verbänden oder Vereinen arbeiten: dieses Buch soll allen „Pionieren der Postmoderne" ein wenig Arbeit abnehmen, denn wir haben für Sie hier schon viele wissenswerte Dinge über die Zielgruppe der 16- bis 29jährigen zusammengetragen und ausgewertet. Dabei waren uns zeitlose Statements retrospektiv genauso hilfreich wie Zukunftsszenarien oder oftmals auch nur unsere eigene Interpretationsfähigkeit. Letzteres bezieht sich vor allem auf die Erläuterungen einiger Beispiele aus der Praxis, die nicht unbedingt mit der „offiziellen Stimme" der Unternehmen identisch sein müssen.

Das erste Kapitel dieses Buches wird Sie mit den veränderten gesellschaftlichen Rahmenbedingungen und der daraus resultierenden Fragwürdigkeit traditioneller Marktforschungs- und Marketing-Ansätze vertraut machen. Ein zweites Kapitel weiht Sie dann in wichtige Wesenszüge und Verhaltensweisen der „G X" ein sowie deren Hintergründe und Zusammenhänge. Im dritten Kapitel des Buches beschäftigen wir uns mit der Frage, wie führende Unternehmen bisher auf diese schwierige Zielgruppe reagieren (unterstützt durch die Ergebnisse einer eigenen Umfrage) und erläutern die wichtigsten Kommunikations-Ansätze, da das Kommunikations-Mix für viele Unternehmen bei der „Generation X" absoluten Vorrang hat Die Resonanz solcher Kommunikationsaktivitäten bei den 16- bis 29jährigen wird im vierten Kapitel wiederum durch eine eigene Umfrage überprüft und ausgewertet. Ein fünftes Kapitel faßt schließlich alle Ergebnisse in Form von Tips zusammen und zeigt, wie Sie diese schwierige Zielgruppe kommunikativ am erfolgreichsten erreichen und möglichst dauerhaft gewinnen .

Wir möchten uns an dieser Stelle bei allen Unternehmen, Institutionen und Agenturen bedanken, die uns beim Material-Sammeln tatkräftig unterstützt haben, vor allem bei Prof. Dr. Heinrich Holland, Fachhochschule Rheinland-Pfalz, sowie zahlreichen Opinion Leader aus der Musik-, Sport- und Mode-„Szene". Ein besonderes Dankeschön gilt auch den Mitarbeitern der creco agentur für creative communication, Mainz, für die zahlreichen Tips und Tricks zu allen Kommunikationsfragen.

Inhalt

1. Der Verbraucher des 21. Jahrhunderts – eine schwierige Zielgruppe

Warum eigentlich „Zielgruppen"?

Im Marketing sind Zielgruppen „abgegrenzte Kunden mit spezifischen Problemen und Bedürfnissen, die eine Unternehmung oder Institution differenziert, selektiv und rentabel bearbeiten oder managen will".[1] Durch eine entsprechende Marktsegmentierung werden Zielgruppen abgegrenzt. Die Marktsegmentierung gilt als der wichtigste Bereich für die Methoden der Datenreduktion.

Ihre wichtige Rolle begründet sie hauptsächlich im Konsumgüterbereich, aber auch für den Investitionsgüter- und Dienstleistungsbereich ist die Marktsegmentierung von großer Bedeutung.

Die Segmentierung des Marktes umfaßt drei Aufgabenbereiche:

➢ die Analyse, wie der Markt in möglichst homogene Gruppen aufzuteilen ist,

➢ die Auswahl bestimmter Segmente,

➢ die gezielte Abstimmung der Instrumente des Marketing-Mix auf diese Segmente.

Die Notwendigkeit dieser Abgrenzung ergibt sich auch daraus, daß die Orientierung am Markt – am Kunden also – zum „Selbstverständnis eines modernen Marketing" gehört, diese Kunden aber keine homogenen Subjekte sind.[2]

Die Zielgruppe gestern und heute

Von der soziodemographischen Zielgruppe zu Verbraucher-Typen

Häufig verwendete Merkmale, um einen Markt zu segmentieren, sind im Konsumgüterbereich:

➢ Geographische Kriterien (z. B. die Abgrenzung nach Nielsen-Gebieten der Bundesrepublik Deutschland)

➢ Soziodemographische Kriterien (wie Alter oder Einkommen)

➢ Verhaltenskriterien (wie Hobby oder Kaufverhalten)[3]

Das erste Kriterium ist die ursprüngliche Form, nach der ein Markt segmentiert werden kann (Segmentierung nach Orten, Straßen, Wohngebieten etc.). Geographische Merkmale sind mit Hilfe von Sekundärmaterial (Nielsendaten, Statistisches Bundesamt, Straßenregister, Einwohnermeldeämter, Wahlkreisstatistiken etc.) sehr leicht, schnell und demzufolge kostengünstig zu ermitteln. Weitaus bedeutender, wenn auch ebenso traditionell und relativ problemlos realisierbar wie erstere, sind soziodemographische Segmentierungsmerkmale. Hier wird eine Einteilung der Kunden z. B. nach Alter, Geschlecht, Familienstand, Einkommen, Beruf, Bildung oder Haushaltsgröße vorgenommen.[4]

Bei der Erfüllung der Anforderungen an geeignete Segmentierungsmerkmale, wie

➢ Meßbarkeit,

10

➤ Kaufverhaltensrelevanz,

➤ Differenzierbarkeit der

➤ Marketing-Instrumente bezüglich der gebildeten Segmente,

➤ zeitliche Stabilität,

stellt sich bei soziodemographischen Zielgruppenkriterien das hier typische Problem der Diskrepanz zwischen leichter Meßbarkeit einerseits und abnehmender Kaufverhaltensrelevanz andererseits;[5] so sagen z. B. Alter der Personen oder Größe des Wohnortes kaum etwas über das Kaufverhalten aus.

Durch Kombination einzelner Merkmale kann das Problem möglicher Übergewichtung bestimmter isolierter Merkmale oder die Gefahr der Auswahl wenig relevanter Merkmale beseitigt werden. Verschiedene Merkmale werden zu Bündeln zusammengefaßt, und es entstehen Merkmalsgruppen. Die zuzuordnenden Zielgruppenmitglieder, also solche Personen, die alle diesen ausgewählten Merkmalen entsprechen, nehmen in der Regel zahlenmäßig ab. Gleichzeitig nimmt die Wahrscheinlichkeit gleichartigen Verhaltens auf Einflüsse von außen (z. B. Werbung) der verbleibenden Gruppenmitglieder zu. Man kann dann von „typischen Merkmalskombinationen" sprechen.[6] Verallgemeinert man Objekte oder Subjekte in spezifisch ausgewählten Merkmalen infolge „induktiver Beobachtung, Experimenten, und/oder Befragung" entsteht ein Typ.[7] Die sogenannten Idealtypen ergeben sich aus der Ableitung auf rein gedanklicher Ebene. Dabei können wichtige Merkmale isoliert zur Gruppenbildung herangezogen werden. Genaue Aussagen über die Häufigkeit dieser „gedanklich konstruierten Typen" in der Realität gibt es nicht.[8]

Typologien sind also Aufstellungen von Gruppen (Typen), die durch Trennschärfe und Homogenität gekennzeichnet sind und aufgrund tatsächlicher Korrelation zusammengefaßte Merkmale besitzen. Typen einer Typologie sind komplexe, mehrdimensionale Gebilde. Eine mögliche Beschreibung fällt daher zum Teil sehr schwer. Dies liegt an der großen Anzahl der beschreibenden Merkmale und an der nur sehr bedingten Skalierungseignung der Merkmalsausprägungen. Für die oft nur qualitativen Merkmale werden lediglich Zustimmung oder Ablehnung der Probanden registriert.[9]

Die Darstellung von Ergebnissen der Typologien erfolgt häufig als Zusammenfassung von bestimmten Eigenschaften in einem Faktor (Bündel). Griffige Bezeichnungen werden für die besondere Merkfähigkeit der einzelnen Typen gewählt. Die Gefahr, eventuell unzulässige Vereinfachungen vorzunehmen sowie daraus resultierende Falschinterpretationen, wirkt sich hier nachteilig aus. Besonders für qualitative Merkmalsausprägungen gilt eine subjektiv abhängige Auslegungsfähigkeit. So besitzen auch Typologien auf einer hohen Verallgemeinerungsebene einen ebenso hohen Interpretationsspielraum und können bei den Verwendern von Typologien zu Identifizierungsschwierigkeiten führen.

Zahlreiche Weiterentwicklungen kennzeichnen die Geschiche der Zielgruppentypologie. Die Burda-Typologie von 1976 z. B. differenzierte statt nach den Einstellungen der Verbraucher zum Konsum nach dem Konsum spezieller Produkte („... 66 Prozent der Bevölkerung essen Schokolade, 17 Prozent der Schokoladenesser essen Bitter- oder Halbbitterschokolade ohne Zutaten ..." etc.) und ordnete anschließend Persönlichkeitstypen zu („Verunsicherte Jungakademiker" weisen mit 7 Prozent den häufigsten Schokoladenverzehr auf).[10] Spätere Typologien behandelten zusätzlich noch Markenverbrauch oder Mediennutzung der Klientel (z. B. Burda-Verlag: Typologie der Wünsche, 1980), wobei hier die Individualität der Befragten ganz in Konsumdaten (Kaufverhalten) aufgelöst war.[11] In der zweiten Hälfte der 80er Jahre wurden der neue Zeitgeist und die bessere wirtschaftliche Lage zum Ausgangspunkt der Kreation des Lifestyle-Begriffs. Amerikanische Kürzel (z. B. „Yuppie" = Young Urban Professionals) wurden übernommen und kreiert, um typische Konsumentenzielgruppen zu skizzieren.[12] Das Sinusinstitut in Heidelberg entwickelte auf der Basis von 2000 Interviews zwölf Lifestyle-Typen (1990) für Leo Burnett.[13] Immer wieder neue Typen wurden mit nahezu künstlerischer Intuition kreiert und ebenso schnell wieder verworfen.

Der fast schon leidenschaftliche Hang zur Typologisierung ist auch heute häufig Zeichen einer allgemeinen Unsicherheit bei der Zielgruppen-Segmentierung. Oft ist sie letzter „rettender Halm" beim Versuch, das scheinbare Chaos des neuen Verbraucherverhaltens zu ordnen. Aber ist es nicht paradox, das Chaos als neues Element der Postmoderne mit alten Hilfskonstrukten ordnen zu wollen?

Der „neue Verbraucher"

Globalisierung und Fragmentierung der Lebensstile

Die internationale Telekommunikation, die Marktexpansions- und Marktpenetrationsstrategien der modernen Industrie sowie die zum Teil hochtechnisierte Medienlandschaft ermöglichen einen Austausch zwischen den Kontinenten in atemberaubender Geschwindigkeit. Begeistert vagabundiert der konsumierende Mensch durch Eßkulturen, Musik oder Moden fremder Regionen.[14]

Besonders die Großstädte werden von einem zunehmend multikulturellen gesellschaftlichen Einfluß geprägt.[15] Die städtische Gesellschaft der Jahrtausendwende wird ein „Nebeneinander" verschiedener Weltanschauungen und Lebensstile sein – eine „fragmentarische Weltkultur".[16] Dieses Nebeneinander ergibt sich aus den sich immer gleichförmiger gestaltenden Lebensstilen einerseits und dem dadurch bedingten Bedürfnis andererseits, sich durch eigene Werte und Traditionen des persönlichen Kulturkreises von dieser Gleichförmigkeit abzuheben. Ein „kultureller Nationalismus" bäumt sich gegen die immer kosmopolitischere Welt und dem dadurch induzierten Potpourri des täglichen Einerleis des „global village" auf. Die Amerikaner sind verrückt nach Sushi, die Japaner feiern Weihnachten (weniger als 10 Prozent der Japaner sind christlicher Konfession) und amerikanisches Fast food beherrscht die internationale Szene. Essen, Kleidung und Unterhaltung ermöglichen ohne große intellektuelle Verausgabung, auf angenehm oberflächliche Art und Weise – mit Spaß also – für alle möglichen ausländischen Einflüsse offen zu sein.[17] Problematischer ist dagegen z. B. die „Amerikanisierung der Lebensstile im Bereich der Massenkultur", wenn sie mit „medialer Brachialgewalt" gleich mehrere Kulturkreise gleichzeitig überlappt. So „vereinnahmte" der satellitengestützte Fernsehsender „Star TV" die japanische, konfuzianische, hinduistische und islamische Welt. Gesendet werden indische Filme, chinesische Light-Musik, Bruce-Lee-Filme aus Hongkong u. ä.. „Hier wird eine wahre Hybrid-Kultur inszeniert, die sich aus allen möglichen Versatzstücken speist und über Satellitenfernsehen, Cassettenrecorder, Videospiel und Gameboy ungeahnte elektronische Geschwindigkeit erfährt."

Fühlt sich eine traditionell gewachsene Kultur jedoch durch eine andere zu stark vereinnahmt, kann es zu „ethno-nationalistischen Konflikten" kommen. Besonders das jüngste Beispiel Jugoslawiens zeigt deutlich, daß diese Konflikte von der Tür des Westens kaum fernzuhalten sind. Das Ende des Ost-Westkonfliktes, der durch das Jahr 1989 markiert ist und das „Ende der Moderne" eingeläutet hat, entzog dem konfliktären, weltlichen Zeitgeschehen die saubere Erklärungsgrundlage. Welt- und Feindbilder waren darin klar definiert, die vielfältigen politischen Ereignisse ließen sich in Rot und Schwarz widerspruchsfrei einordnen oder deduktionistisch ableiten.[18] Die nunmehr freigegebene „Unübersichtlichkeit des weltlichen Tollhauses" entbehrt jeder rationalen Logik. Orientierungslosigkeit, Politikverdrossenheit und allgemeine Sinnsuche prägen die postmoderne Gesellschaft und durchdringen nahezu alle Lebensbereiche. Alles befindet sich im Umbruch, im Wandel. Die alte Ordnung, die sich auch an Staatsgrenzen und Bündnissen orientierte, scheint sich aufzulösen und völlig neu zu formieren. Megatrends überlappen sich und entziehen sich einem einheitlichen Deutungsmuster.

Neben solchen Einflüssen von außen bewirken auch interne Entwicklungen „Polykulturalität", die der Ausprägung einer Hybrid-kultur zuträglich ist. In der Bundesrepublik hat sich die Monokultur der Frühphase des Wirtschaftswunders allmählich in die verschiedenen Lebenswelten aufgelöst. War früher die Welt noch durch Moral-, Sinn- und Verhaltenskodizes einigermaßen von Kohärenz geprägt (extremes Beispiel: Verkupplungsparagraph aus den 50er Jahren), offenbart sich heute ein eher amorpher Individualismus, der sich letztlich als eine Art Massenindividualismus selbst ad absurdum führt.[19] [20] Schamanen, Medizinmänner, Fakire erleben ihre Renaissance. Sekten haben massenhaft Zulauf, vor allem aus den gehobenen Schichten. Auch die Astrologie hat Hochkonjunktur. Naturheiler und spirituelle Selbsterfahrungsgruppen sind mehr denn je gefragt.

Der Prototyp der „offenen Gesellschaft", der sich hier formt, läßt sich nur schwer beschreiben, da es in ihm von Widersprüchen und zeitlichen Verschiebungen wimmelt. Eine Grunddrift der Gesellschaft in eine konkrete Richtung ist für die Lebenswelten derzeit nicht mehr erkennbar. Die einzelnen „Identitätsuniversen" lösen sich heute von festen Strukturen und zersplittern in unberechenbare Richtungen. Statt des „Common sense der Boom-Jahrzehnte" ist die postmoderne Kultur von einer „Patchwork-Symbiose" geprägt.[21]

Der hybride Verbraucher als schwierige Zielgruppe

Die großen Strömungen und Trends der Gegenwart stellen für den Verbraucher an der Jahrtausendwende ein großes und vielschichtiges Archiv dar, aus dem er sich, je nach Lust und Laune, bedienen kann. Dabei wird er mitunter von mehreren Strömungen gleichzeitig erfaßt und in seinem Leben und Konsumverhalten entsprechend vielschichtig geprägt. Die unbewußten Reflexionen globaler gesellschaftlicher Prozesse forcieren dabei ein bewußt sprunghaftes, irrationales und widersprüchliches Verhalten bei den Verbrauchern. Die durch Medienverbreitung beschleunigte Pluralisierung der Lebensstile führt zu einer „Multi-Optionsgesellschaft", die sich in Richtung eines „stark fragmentierten Systems" bewegt. Innerhalb dieser fragmentierten Gesellschaft bildet sich nun ein permanent springender und zappeliger

Konsument heraus, der in sich nicht mehr berechenbar ist. Diese neue Art von Verbraucher läßt sich auch nicht in Zielgruppen und Typologien kalkulierbar einordnen. So wird „immer intensiver von immer mehr Menschen immer Differenzierteres und immer Widersprüchlicheres gefordert".[22] Multioptionen dominieren das hybride Verbraucherverhalten der 90er Jahre. Der neue Konsument wird zum „totalen Vagabunden", der kaum Treue gegenüber Marken und gegenüber Verkaufsstätten kennt. Trendforscher erkennen für die Zukunft einen „Hier-mehr-dort-weniger-Verbraucher", der als gespaltene Persönlichkeit das Einsparen ebenso beherrscht wie das Verschwenden.[23]

Der Verbraucher von morgen lebt in einer Spannung zwischen Lebensnotwendigkeit („iron cage") und der Illusionierung des Lebens, bestehend aus Träumen und Genüssen. Sinngemäß führte auch eine „sich selbst illusionierende Genußsucht (self-illusory hedonism)" einerseits und eine zwingende wirtschaftliche Selbstbeschränkung eines „Sich-leisten-Könnens" andererseits zum Pendelmechanismus „zwischen Luxus und kalkulierter Bescheidenheit."[24] Der Verzicht auf Mittelmaß symbolisiert den Abschied vom Regelkonsum.[25] Charakteristisch für den hybriden Verbraucher sind also auch Kontraste und Exklusivität. Der demonstrative Konsum oder der totale Luxus sind genauso ausgereizt und langweilig wie z. B. die totale Konsumaskese. Der Hang zum Einfachen und Natürlichen wird durch bewußt kontrastierende Akzente belebt. So erhält die Erbsensuppe für 17 DM im Feinschmeckerrestaurant ein völlig neues Flair, Bratkartoffeln garniert man mit Kaviar und zum Champagner reicht man Fast food vom Feinsten.[26] Die geforderte Exklusivität der Genüsse muß dabei nicht mit hohen Kosten identisch sein. Je nach sozialer Schicht kann auch das extrem Einfache besonders exklusiv sein, zumal es gelegentlich auch sehr kostspielig sein darf. Man kann sich diese Art von Bescheidenheit gerade deshalb leisten, weil man auch die Option hat, sich etwas anderes leisten zu können.[27] Selbst Durchschnittshaushalte können sich aufgrund des gesellschaftlichen Wandels und der auch für sie gewachsenen Kapitalausstattung vom „schnöden Konsumieren" distanzieren.[28] Drastische Einschneidungen im sozialen Netz dürften hier allerdings eher zur Änderung der Konsumgewohnheiten führen, als z. B. in den Haushalten der gehobenen Einkommensschichten. Demnach avanciert die „Schnäppchenjagd" zwar zu einer Art Massensport quer durch alle Einkommensschichten, wie dies Rominski schildert, die Motive für derartige Jagdallüren sind jedoch nicht in jedem Fall auf eine „neue erotische Dimension des Preises" zurückzuführen.[29]

Schon 1987 faßte Gerken seine Sichtweise des „neuen Konsumenten" der „Multioptionsgesellschaft" in acht Punkten zusammen, die heute immer noch mehr als aktuell sind:

1. Individuelle Selbstentfaltung durch Konsum

2. Dosierte Bindungsbereitschaft an Marken und Produkte

3. Eine zunehmende Vertragsmentalität, d. h., der Anspruch der Konsumenten an die Anbieter, unterhalten zu werden, um ihnen darauf Treue zu gewähren

4. Individualistische, brüchige Wertesphäre, d. h., die immer emotionaler werdende Werbung wird zu einer „Wertewerbung", die aber einem fatalen Trend zur extremen Kurzfristigkeit und Situationsbezogenheit dieser Werte ausgesetzt ist

5. Die Kultur des Individuums (Unikate und „limited editions" bestimmen die Tendenz zu „private products")

6. Der soziale Mehrwert von Marken und Produkten, bedingt durch eine Konsumtendenz zu Sinn und bewußter Bescheidenheit

7. Vermehrte Konflikte erfordern „Social helping", d. h., daß gleichzeitig zu oben genannter Entwicklung das Bedürfnis nach Hilfe und Orientierung in der Gesellschaft wächst

8. Das neue Medium heißt Glaubwürdigkeit, d. h., wer Akzeptanz will, darf diese nicht wollen oder durch mögliche Überredung forcieren, da der neue Konsument mit Überredungskünsten bestens vertraut ist und entsprechend mißtrauisch und abweisend reagiert[30]

2. Generation X:
hybrid und multioptional

Ursachen und Ausprägungen

Die Jugendkultur aus soziologischer Sichtweise

Ließ sich bis in die 60er und späten 70er Jahre der Begriff der jugendlichen Subkultur noch überwiegend Klassenschichten bzw. spezifischen sozialen Milieus zuordnen, zeichnete sich gegen Ende der 80er Jahre eine Ablösung dessen durch die entsubstantialisierte und entmaterialisierte Vielzahl eklektizistischer, modisch stilbezogener Jugendkulturen oder kulturbedeutsamer Jugendszenen ab. Ursache finden diese u. a. in einer Entpolitisierung, Enthierarchisierung und Destrukturierung kultureller Lebensformen. Hinzukommen eine fortschreitende Kommerzialisierung sowie der wachsende Einfluß der Medien.[31]

Im pluralen kulturellen Schmelztiegel des „anything goes" geht der einheitliche Bezugspunkt einer universalen Mainstream-Kultur verloren, auf den sich der konfligante Subkulturbegriff stets beziehen konnte. Daher zerfällt der Begriff Jugendsubkultur in seine Bestandteile, in verschiedene Kulturen und in unterschiedliche Jugendliche.[32]

Konnten in den späten Fünfzigern und frühen Sechzigern unter dem Dach des Jugendsubkulturkonzeptes die einzelnen Teilkulturen noch mit Hilfe milieuspezifischer und klassenstruktureller Anhaltspunkte analysiert und zugeordnet werden, begründet sich der umfassende

Jugendkultur-Begriff u. a. auch in den gegenwärtig eher verwischten Grenzen klassenstruktureller und -kultureller Traditionen und Homogenisierungen.[33] Die damaligen Existentialisten, denen vornehmlich Oberschüler und Studenten angehörten, die Halbstarken, welche sich überwiegend aus jugendlichen Arbeitern und Lehrlingen rekrutierten (sogenannte „folk devils"), die Rocker oder die Hippies beschrieben in den späten fünfziger und frühen sechziger Jahren das Phänomen der Teenager-Kultur.[34] Dieses bestimmte das Bild des damaligen Teenager-Marktes. Auch die frühen Jugendsubkulturen wurden weitgehend über Mode, Musik und Freizeitkonsum identifiziert. Entscheidend ist aber, daß die sogenannten „authentischen" oder „echten" Subkulturen früherer Jahre nicht aus ihren historischen Kontexten zu lösen waren.[35] Der Begriff der Jugendkultur charakterisiert heute vielmehr die Gesamtheit der in der Kulturindustrie und Warenästhetik synthetisch produzierten Bilder und Deutungen über einen scheinbar klassenlosen jungen Menschen und dessen Verhaltensorientierung.[36] Dabei handelt es sich heute vor allem in der Bundesrepublik mehr um exportierte, sekundäre und einverleibte Stile, die vielfach schon kommerzialisiert sind sowie dem ungleichzeitigen Rückgriff auf historisch überlebte Formationen (Skinheads, Punker, Hippies). Diese wiederum finden sich nun mehr in Kontexten wie Mode oder Musikrichtungen angesiedelt, wobei eine Überbetonung der Ausdrucksfunktion gegenüber der diskursiven Appellfunktion, z. B. der „noch achtziger Jahre", kennzeichnend ist.[37]

Diese mitunter hedonistisch-erotische, affektive und ausdrucksstarke Orientierung sowie die pluralisierte Stilmischung der Jugendkulturen ist Sinnbild einer diskursmüden Jugend. Dieses Phänomen läßt sich auf eine Übersättigung aus nahezu diskursmanischen Elternhäusern, einer ewig polemisierenden Gesellschaft und einer diskursfreudigen Öffentlichkeit sowie deren mediatisierende Tentakel zurückführen. So hat die Gesellschaft ihrerseits zur ausufernden Variabilität bzw. Multioptionalität, „Zwangsindividualisierung" sowie zu Ausprägung von Paradoxien innerhalb der Jugendkultur maßgeblich beigetragen. In der Soziologie bestätigte man dieser Entwicklung zwar nur eine vorübergehende Bedeutung für die Gesellschaft,[38] gleichzeitig sprach man den Jugendkulturen aber auch Modifikationspotentiale zu. Der soziologischen Theorie ist hinsichtlich der Ausmaße der Jugendkultur zu entnehmen, daß diese die Jugend insgesamt soziokukturell beeinflussen werden und sich zudem die Übergänge zur „Massenkultur der Erwachsenen" fließend gestalten werden.[39] So bleibt zu vermuten, daß die heranwachsenden Motive, Einstellungen und Haltungen sich unbewußt in Verhaltensnormen niederschlagen können, die längerfristige gesellschaftliche Konsequenzen bergen.

Die derzeitig zu beobachtende Intensität, mit der die Jugendkultur in eine schnellebige Vielfalt (Multioptionalität) explodiert, ist neu. Die Angebote sind immer besser verfügbar, die Wahlmöglichkeiten potenzieren sich nahezu. Die jungen Verbraucher geraten immer häufiger in Entscheidungsnöte, zu viele Optionen bereiten eher Streß. Was Opaschowski bereits 1988 über den Freizeitkonsum schrieb, der sich infolge zu vieler Angebote einerseits und chronischem Zeitmangel, diese zu genießen, andererseits, besonders für jugendliche Singles als bedeutenden Streßfaktor erweist, betrifft heute nahezu alle Bereiche der Jugendkultur.[40]

Eine geringe Bedarfskonkretisierung (außer bei wichtigen Szenediktaten) und die große Erlebnis-Erwartungshaltung erschweren die Entscheidungen und führen letztlich auch zu paradoxen Verhaltensweisen, die ebenso das Konsumverhalten prägen.

Der Einfluß des Elternhauses – die „68er" und die „Blumenkinder"

Zahlreiche Jugendstudien vermitteln von der deutschen Jugend ein Bild, das auf eine große Affinität zur Familie schließen läßt.[41][42] Eine Spiegel-Umfrage ermittelte bei 43 Prozent von über 2000 befragten Jugendlichen zwischen 14 und 29 Jahren die Familie als das Viertwichtigste im Leben dieser Jugendlichen.[43]

20

Der überwiegende Teil der Jugendlichen redet gern und oft mit den Eltern. Toleranz ist angesagt, man will sich schließlich nicht unnötig aufregen – das wäre „uncool". Aber gerade auf der Gefühlsebene, wo es um Geborgenheit und Ehrlichkeit geht, sind Eltern die besten Ratgeber.

Laut Spiegelumfrage besitzen 80 Prozent der 14- bis 29jährigen Deutschen Vertrauen zu ihren Eltern, verglichen mit anderen Ansprechpartnern oder Institutionen belegen damit die Eltern in der Vertrauensskala Rang 1. Rund 40 Prozent der Jugendlichen genossen nach eigenen Angaben eine liebevolle Erziehung, 26 Prozent eine liberale. In ihrem Denken fühlen sich sogar 61 Prozent der Befragten am meisten von ihren Eltern beeinflußt. Auch bei diesem Statement sind alle anderen Alternativen weit abgeschlagen (Freunde rangieren hier z. B. auf Platz 2 mit gerade einmal 17 Prozent der Befragten). Die überwiegende Mehrheit, nämlich 85 Prozent der jungen Deutschen, möchten später einmal selbst eine Familie gründen.[44] Trotzdem scheint der Einfluß der Familie an Wirkung auf die Sozialisation der Jugendlichen zu verlieren. Die Wertsetzungen, die durch die Familie überliefert werden, gehen zurück, und die Leitbildfunktion der Eltern schwindet. Die Kenntnisse und Erfahrungen können in der heutigen schnellebigen Zeit nicht mehr wesentlich zum Bestehen im Alltag beitragen.[45] Die Ursachen liegen hier vielleicht auch im zunehmenden Auseinanderreißen von Familien und dem Wegfall traditioneller Wertemuster.

Generell ist auch weiterhin ein rückläufiger Trend beim Bekenntnis zu einem Vorbild festzustellen: 1997 sind es nur noch 16 Prozent der 15- bis 24jährigen (und hier sind es eher die männlichen als die weiblichen Jugendlichen), die ein Vorbild haben; während in den neuen Bundesländern bei den Mädchen und jungen Frauen die Mutter hier eine große Rolle spielt, ist deren Bedeutung in den alten Bundesländern deutlich niedriger.[46]

Die Eltern der „Generation X" sind die „68er" und die „Hippies". Die Kulturrevolutionäre von einst haben in heftigen Studentenrevolten und Dauerdebatten um Werte und Gesellschaftsnormen erstmalig großflächig das Abweichende vom Normalen, das Irrationale in die Gesellschaft eingeführt. Die damals neue Generation durchbrach zunächst an den Universitäten, dann im öffentlichen und politischen Leben den homogenen Gesellschaftsanspruch auf Glück. Sie stellten staatliche und wirtschaftliche Institutionen in Frage, probten als erste in aller Öffentlichkeit den Ungehorsam und Zweifel an den autoritären Strukturen aller Institutionen von Familie, Schule, Universität oder Staat. Der ungehemmte Konsum geriet erstmalig in die Kritik. Die Hippies schrieben sich später „make love not war" auf ihre Fahnen. Geprägt vom Mord an Kennedy, den tödlichen Schüssen eines Wahnsinnigen auf das Popidol John Lennon oder vom damaligen Vietnamkrieg wurden sie zu Urvätern einer „supranationalen Friedensbewegung". Diese Generation entdeckte das „richtige" Bewußtsein, das „Transzendentale" im Alltag, die Meditation für den Normalverbraucher sowie die Abkehr vom „normalen bürgerlichen Leben" durch das Aussteigen aus allen normativen Zwängen des Alltags (mit Folgen auch für den privaten Verbrauch).[47]

Wenn sich nun 61 Prozent der „Generation X" im Denken von ihren Eltern am meisten beeinflußt und geprägt fühlen, ist es nicht verwunderlich, daß die Weltanschauung der jungen Deutschen ein Sampler aus den Erfahrungen ihrer Jugendgenossen vergangener Jahrzehnte ist. So bildet sich ein Werte-Patchwork aus dem Skeptizismus, Individualismus und Freiheitsdrang der sechziger, dem Mangel an Illusionen der fünfziger und dem Radikalismus der achtziger Jahre heraus.[48] Der Konflikt zwischen Eltern und Kindern ergibt sich heute einerseits mehr aus einer Art Minderwertigkeitsgefühl der jungen Generation bezüglich eines „Alles-schon-mal-dagewesen" und der faden Erkenntnis der Vergeblichkeit aller großen Alternativen. Andererseits sind die Tips aus der Wirtschaftswunderzeit oder die Maximen der 68er im liberalen Gewand eines Allround-Verständnisses aus heutiger Sicht einfach überholt und helfen daher nicht wesentlich in der Schnellebigkeit und im Chaos der Gegenwart. Eine neue Eintracht kann sich daher statt eines nicht ausgesprochenen Generationenkonfliktes mit den Eltern nicht einstellen. Vielmehr ist es ein friedliches „Sich-Entfernen". Die Eltern der antiautoritären Bewegung zu provozieren, erweist sich als nahezu aussichtslos, also lassen die Kids und Jugendlichen statt sinnloser substantieller Auseinandersetzungen ihre Erzeuger einfach nicht mehr an ihrem Erfahrungs- und Erlebniskosmos teilhaben.[49] Die jungen Deutschen sind deshalb nicht unkritischer als die kritischen Veteranen, aber sie sind es müde, zu kritisieren, sie sind nicht unpolitischer, auch wenn 63 Prozent der Jugendlichen es nicht als Beleidigung empfinden, wenn sie als unpolitisch bezeichnet werden. Sie sind es einfach nur leid, zu politisieren.[50] So finden sich auch die schärfsten Kritiker der „Generation X" bei den Achtundsechzigern: die Rock'n-Roll-Generation, die erste, die ihre Jugendlichkeit auch noch als Erwachsene beansprucht. Jugendlichkeit ist für sie die Zeit der Ideale. Sie, die mit ihren Idealen wirklich die Gesellschaft verändert haben, glauben, den alleinigen Anspruch auf die Definition von Jugend zu haben. Aber die Mehrheit der „Generation X" verweigert sich dieser verordneten „Zwangsjugendlichkeit", die auch teilweise noch von der Popindustrie vermarktet wird. Seit Aids ist freier Sex nicht mehr nachvollziehbar. Selbst die Flucht in den Rausch wurde zur Konsumkultur mit der marketingstrategischen Einführung von Crack und Extasy durch internationale Kartelle. Und die Ideale der Achtundsechziger können sie heute nur noch in rudimentären Sedimenten bei ihren Eltern registrieren. Also rettet sich die „Generation X" in Ironie und Zynismus. Nichts wird mehr ernst genommen, nichts gilt mehr.[51]

So befinden sich die „G Xer" in ihrer Sehnsucht nach bloßer Akzeptanz, Toleranz und Autarkie auf der ständigen Flucht vor Stöberern jeglicher Kategorie und stürzen sich von einer Mode in die nächste, verschlüsseln ihre Sprache durch Codierungen, um ungestört untereinander kommunizieren zu können und Schnüffler sofort zu enttarnen. Sie wollen anders sein als ihre Vorgänger. Auch wenn sie mit den Symbolen vergangener Zeiten spielen (Retros), identifizieren sie sich nicht wirklich mit den historischen Kontexten, aus denen sie sich oberflächlich bedienen. Paradoxien sind ein willkommenes Ablenkungsmanöver für Außenstehende, aber auch vor der Festlegung auf das eigene Wesen.

Kaufkraft

Über 16 Millionen Deutsche zählt die Generation im Alter zwischen 14 und 29 Jahren.[52] Das Konsumpotential der 12- bis 21jährigen wird heute auf ca. 30 Milliarden DM pro Jahr geschätzt.[53] Die 13- bis 15jährigen verfügen mit durchschnittlich 45 DM Taschengeld pro Monat, Geldgeschenken im Wert von 271 DM pro Jahr (für ca. die Hälfte von ihnen noch einmal mit zusätzlich durchschnittlich 78 DM pro Monat) ohne nennenswerte Jobeinkünfte ebenfalls über eine beachtliche Kaufkraft. Mit zunehmendem Alter nehmen die Möglichkeiten und die Wahrscheinlichkeiten zu, diese Beträge durch zusätzliche Ferieneinkünfte mit Jobben zu vervielfachen,[54] wobei die männlichen Jugendlichen hier privilegierter sind als die weiblichen.[55] Eine Spiegel-Untersuchung schätzte das monatliche Ausgabenpotential eines deutschen Jugendlichen sogar auf 1049 DM.[56] Die „Generation X" ist nicht nur wegen ihrer Kaufkraft eine wichtige Zielgruppe: sie übt zusätzlich bei vielen Produkten eine gravierende Beeinflussung der Kaufentscheidungen der Familienmitglieder aus.

Multioptionalität, Paradoxie des Alltags und Konsumverhalten

Die Jugendlichen und jungen Erwachsenen im Alter von 14 bis 29 Jahren gleichen einem unübersichlichen Ameisenhaufen unterschiedlichster Psychographien. Sie hinterlassen ein widersprüchliches Bild, welches kaum mehr Gemeinsamkeiten aufweist als den Umstand, noch nicht 30 Jahre alt zu sein.[57] Die von Trend-Gurus prophezeite Fragmentierung (das Auseinanderbrechen in Teile und die Ver-vielfältigung von Optionen, Strömungen und Trends) ist bei dieser Gruppe besonders extrem ausgeprägt.[58] Das Zerfallen in ein paar Dutzend Stämme und Szenen, die Vielzahl der unterschiedlichsten Pop-Idole, In-Sportarten oder das schizoide Verhältnis zu Marken und Medien vermittelt, oberflächlich betrachtet, ein chaotisches und

24

schwer durchschaubares Abbild eines ambivalenten Charakters dieser Jugendlichen. Sie erscheinen als materialistische Wesen, aber der Seelenfrieden ist für sie letztendlich ein entscheidenderer Erfolgsindikator als beruflicher Aufstieg und Gehaltsklasse.[59] In der „alten Welt" gibt es für sie keinerlei Verbindlichkeiten mehr, trotzdem ist die Flucht in die Szenen oder Parallelwelten (z. B. Mythen und virtuelle Welten) nichts anderes als die Suche nach Ersatzverbindlichkeiten in einer „neuen Welt", die sich als ein in sich geschlossenes und überschaubares System präsentiert. So geben z. B. Szenen durch ihre entsprechenden Wertekataloge und durch die Vorbildwirkung Gleichgesinnter Halt und Orientierung in der schwindelerregenden Fülle der Konsum-Wahlmöglichkeiten. Doch übergreifende Sinnstiftungen gehen von diesen Szenen nicht aus (Ausnahme sind wenige extreme Szenen), da auch hier jedem die Möglichkeit offen gelassen ist, z. B. auch mehreren Szenen gleichzeitig anzugehören.

Die globale Annäherung durch die Hybrid-Kultur zwingt die reizverwöhnten Jugendlichen zur Suche nach völlig anderen Welten, die der realen kaum ähneln und sich auch im Gegensatz zur realen Welt nach Träumen und Wünschen konstruieren und manipulieren lassen. Alles, was man im wirklichen Leben vermißt, finden man dort: Thrill, Herausforderung, Sinn oder nur simple Ablenkung und Zerstreuung.[60] Szenen basieren also auf der Bildung freiwilliger Interessengemeinschaften mit gemeinsamen Wertvorstellungen und Freizeitaktivitäten oder einfach gleichen Konsumprioritäten. Sie sind soziale Netzwerke, die alte Gesellschaftsstrukturen, wie soziale und lokale Herkunft oder Bildungshierarchien, auflösen und neue erzeugen.[61] Und sie entsprechen natürlich ganz der beliebtesten Freizeitbeschäftigung der „Generation X", nämlich „oft" oder „sehr oft" mit Freunden zusammen zu sein (von 93 Prozent der 13- bis 24jährigen genannt).[62] Durch mediale Verbreitung erreichen auch Szenen globalen Charakter. Öffentliche Techno-Großveranstaltungen (Raves) wie z. B. die „Love Parade" in Berlin (Anstieg der Teilnehmer von ca. 50 000 Ravern 1991 auf ca. 750 000 im Jahr 1996 in Berlin) oder der „May Day" weiten den Szene-Begriff bis zur „Nation" aus. Das Wir-Gefühl gewinnt hier gigantische Ausmaße durch den Common

sense alles tolerierender Beats. Die Sprach- oder Geschichtenlosig-
keit der Techno-Songs läßt keine Mißverständnisse aufkommen. Wer
den Trancezustand allein nicht erreichen kann bzw. vorher zu er-
schöpfen droht, behilft sich mit Designerdrogen u. ä. oder anderen
schwächeren Aufputschmitteln wie Energiedrinks. „Rasen und To-
ben", um den täglichen Frust zu vergessen und dabei die Geborgenheit der gleichgesinnten Masse – der großen Familie – beim Massen-
Exodus der Gefühle zu spüren, prägen das Freizeitverhalten. „Love,
Peace and Unity" – der Slogan der „Big Party" gewinnt immer wieder neue Dimensionen in einem Meer von „wankenden Kleiderstän-
dern".[63] Bezogen auf alle 15- bis 24jährigen in Deutschland hören ca.
3,5 Millionen Jugendliche und junge Erwachsene gern Techno.
Techno ist Spiegelbild ihrer selbst und längst mehr als nur eine Mu-
sikrichtung. Etwa 1,8 Millionen Club- und Rave-Besucher in diesem
Alter zählt die damit wohl bedeutendste Szene in der Jugendkultur.
Andere Musikszenen sind z. B. die Pop-, die House-, die Hip Hop-,
die Dancefloor-, die Acid Jazz- oder die Independent-Szene. Eine
Reportage im Stern unterteilte die Jugendszene nach Techno, Schik-
kies, Punks, Girlies, Grufties, Rockabillys, Faschos, Die Engagierten,
Jesus-Freaks, Trendsportler, Heavy Metals, Computer-Kids und Be-
auties.[64] Die Nationen sollen die Vielfalt innerhalb der Jugendkultur
besser reflektieren als die herkömmlichen Muster von Clique, Tribes
und Poses und sollen die Funktion einer pluralistischen Gesellschaft
übernehmen. Wo sich der alte Nationalismus nach Enge sehnt, öffnen
sich die Jugend-Nationen allen Sympatisanten, egal welchen Ge-
schlechts, Alters, welcher Rasse oder Religion sie sind. Die „Love-
Parade" z. B. ist aber auch Sinnbild des Trugschlusses bezüglich eines propagierten Individualismus dieser Generation. Von der Vielfalt
eines ambivalenten Charakterbildes war hier nicht viel zu spüren.
Vielmehr zeigte sich eine Art „kollektive" Exzentrizität.

Selbst wenn nach der großen Party alle Stämme wieder aus-
einanderdriften, die Einheit suspendiert wird und in etlichen kleinen
Clubs entspannt pluralistisch weiter gefeiert wird, behebt dies nicht
den Makel eines nur scheinbaren Individualismus dieser Jugendlichen. Der Wunsch, individuell zu sein, reduziert sich auch bei dieser

vielschichtigen Generation auf den Wunsch, wenigstens individuell zu scheinen. Oberflächliche Zeichen sollen der Besonderheit Ausdruck verleihen und schaffen bei den Jugendlichen selbst den Eindruck der Individualität. Das auch hier zu beobachtende sozialpsychologische Paradoxon eines Massenindividualismus führt zur Expansion neuer Formen der Vergesellschaftung der Sozialwelt – also gerade zum Gegenteil von Individualismus.[65] Das widersprüchliche Streben nach Individualismus einerseits und die Flucht in die Anpassung andererseits äußert sich auch in ihrer Beziehung zum eigenen Körper. Das Schwanken zwischen Authentizitätsanspruch und Körperideal führt hier in ein „Bodylemma" mit der Konsequenz der Unterwerfung und Anpassung an vorgefertigte Ideale.

Auch Marken und Medien sind für die „Generation X" eine zweischneidige Angelegenheit. Marken sind für sie sowohl geliebte Zeichen und Symbole im Rahmen der Identifikation unter Gleichgesinnten, aber gleichzeitig auch verhaßte Brandzeichen der Industrie und damit Ausdruck fremder Macht.[66] Auch wenn Marken für diese Jugendlichen für Qualität, Originalität und traditionelle Werte stehen: der richtige Stil ist nach eigenen Angaben wichtiger als die richtige Marke.[67] Der „Haß auf alle Stereotypen" gibt auch den normativen Mainstreamlabels wenig Chancen, bei dieser Gruppe zu landen. In Wahrung der Autonomie entzieht man sich dem Markenkult der breiten Masse und setzt mit T-Shirt-Motiven wie z. B. „Dr. Oefter" (statt Dr. Oetker) oder „Hash" (statt Dash) subversive Signale gegen den normativen Markenkult[68]. Hier wiederum wird also Individualität sehr groß geschrieben, wenn „Mainstream" als das deklariert wird, was alle haben und als absolut „uncool" abgelehnt wird.[69] Aber auch für Szenemarken gilt ein Reizverlust bei zunehmender Bekanntheit und Kommerzialisierung. Die Möglichkeit der Selbstdarstellung durch sogenannte „Anti-Moden" der Szene gipfelt in den ungeschriebenen Gesetzen der Clubwear, auch wenn in den 90ern „Hipness" vor „Shocking" geht und die Labels eher unauffällige Accessoires sind.[70] Doch wenn die Raver nach zwei bis drei durchtanzten Nächten dann am Montag Morgen als Bankangestellte, Klempner, Krankenschwestern oder Schreiner ihrer ganz gewöhnlichen Arbeit nachgehen, offenbart sich die propagierte Anti-Mode als eine bloße Maskerade, die Sehnsüchte, Abgrenzungsbedürfnisse und Protest widerspiegelt.[71]

Jeansmarken spielen allerdings – zumindest bei 51 Prozent der 14- bis 29jährigen – noch eine recht wichtige Rolle.[72] Der Anteil derjenigen, für die die Marke wichtig ist, liegt bei anderen Produktbereichen jedoch deutlich niedriger:[73]

➢ Kosmetikartikel   33 %

➢ Schuhe   27 %

➢ Jacken / Kleider   23 %

➢ Getränke   23 %

➢ Computern   20 %

➢ Uhren   19 %.

Dementsprechend sind auch die Ausgaben der Jugendlichen gestaltet. Die Einkaufsstättenwahl orientiert sich danach, ob die Jugendlichen ihre wichtigen Marken in den jeweiligen Geschäften kaufen können und das auch wissen. Zumindest gelegentlich in Kaufhäusern (wie Karstadt, Kaufhof oder Hertie) Kleidung zu kaufen, bejahten immerhin 81 Prozent der 14- bis 29jährigen. Über die Hälfte (51 Prozent) von ihnen kaufen bei C&A ein oder würden das gern tun. Ähnliches gilt für Karstadt (42 Prozent). Für 74 Prozent dieser Jugendlichen sind Jeans-Läden und für 58 Prozent Sportartikel-Geschäfte die Einkaufsstättenfavoriten, dicht gefolgt von den Boutiquen, die für fast jeden zweiten eine bedeutende Rolle spielen. Secondhand-Läden zählen mit 20 Prozent Kundenpotential dieser Klientel eher zu den wirklich individuellen Ausnahmen.[74] Warenhäuser und Fachgeschäfte (incl. Boutiquen) dominieren also bei der Einkaufsstättenwahl der 14- bis 29jährigen, Verbrauchermärkte und SB-Märkte spielen im Kleidungsbereich wegen der Markenbedeutung (siehe oben) kaum eine Rolle.

Medien sind für diese Jugendlichen eine ebenso zweischneidige Sache wie Marken. Einerseits dienen sie ihnen zur Selbstfindung, andererseits wird ihre manipulierende Wirkung abgelehnt. Bei den beliebten Trend- und Szenemagazinen (mittlerweile auch bei den Stadtillustrierten) dagegen wird nicht nur toleriert, sondern sogar erwartet, daß diese diktieren, was „in" und was „out" ist. So besitzen derartige Magazine ebenso wie DJ's u. a. in Sachen Mode und Musik eine Opinionleader-Funktion für diese Generation.

Einige Hinweise zur Mediennutzung

Fernsehen und Hörfunk

Die Reichweite des Fernsehens bei den 14- bis 19jährigen lag in der jüngsten Vergangenheit nur knapp über der Reichweite dieses Mediums bei der Gesamtbevölkerung und stagnierte seit 1990 auf einem Level von rund 80 Prozent. Diese Altersgruppe verbrachte bisher die meiste Zeit vor der Flimmerkiste (gemessener höchster Durchschnittswert).[75] Bei den 20- bis 29jährigen dagegen konnte bei der Fernseh-Reichweite ein kräftiger Zuwachs registriert werden, wobei sich das Verhältnis der Erreichbarkeit durch öffentlich-rechtliche und private Programme fast umgekehrt hat.

Dies trifft mit noch größerer Deutlichkeit auf die neuen Bundesländer zu und ist u. a. auf den großen Nachholbedarf an ausgesprochen abwechslungsreicher Unterhaltung und Sensationen (Spielfilme, Serien oder Game-Shows) zurückzuführen.[76]

Besonders zugänglich für das Fernsehen ist bei dieser Altersgruppe nach wie vor die männliche Klientel. Eine Ursache hierfür könnte in dem überproportionalen Rückgang der Glaubwürdigkeit des Mediums bei den Frauen unter 30 Jahren liegen.

Insgesamt sind trotz Reichweitenzuwächsen die 20- bis 29jährigen nur unterdurchschnittlich für das Fernsehen erreichbar und nutzen das Medium auch nur unterdurchschnittlich, bezogen auf die Gesamtbevölkerung – bei gleichzeitig gestiegener häuslicher Freizeit.[77]

Der informative Charakter des Bildmediums ist in den letzten Jahren immer nebensächlicher geworden und hat sich zugunsten seiner Unterhaltungsfunktion verschoben. Das gesunkene Interesse an Information und Aufklärung über das Fernsehen zeigt sich besonders bei den Nutzern privater Fernsehkanäle, also auch besonders bei der jugendlichen Klientel, die mehr auf ein unterhaltendes, angenehm zeitfüllendes und stimulierendes sowie „action"-geladenes Fernsehprogramm spekuliert. Fernsehen soll hauptsächlich helfen, die freie Zeit zu füllen, wenn man nichts anderes zu tun hat. In diesem Punkt sind sich die über 60jährigen mit den unter 30jährigen einig (besonders Personen mit niedriger Bildung).[78]

Die Programmpräferenzen bei der Zielgruppe der Jugendlichen und jungen Erwachsenen sind eher diffus als klar definierbar, da sie Fernsehen „beinahe erwartungslos" konsumieren – den einzelnen Medieninhalten also wenig Bedeutung zumessen.

Wie in anderen Bereichen gilt auch hier: die Dynamik macht's! Zapping-freundliche leichte Kost ist gefragt, die sich auch hervorragend als Background eignet.[79]

Vor allem die weiblichen 20- bis 29jährigen Nutzer privater Programme bestätigen verstärkt die gute Kombinierfähigkeit des Fernsehens mit anderen Tätigkeiten. Daher treten bei dieser Gruppe Gefahren wie die Vereinsamung durch das Fernsehen oder die übermäßige Zeitbeanspruchung des Fernsehens auch nicht so stark auf.

Bezogen auf die Nutzung als Background-Medium scheint das Fernsehen dem Hörfunk allmählich den Rang abzulaufen: „Die Glotze habe ich nebenher eigentlich immer laufen ..." Besonders beliebt bei den 14- bis 29jährigen ist das Erledigen von Hausaufgaben, während Musiksender im Hintergrund blubbern (VIVA, MTV), oder man sitzt zeitgleich vor dem PC. Bei den 20- bis 29jährigen ist es z. B. Hausarbeit, die gern nebenbei verrichtet wird.[80] Ersteres bestätigt auch das gemessene „Hineinwachsen" des Fernsehens in den Tag besonders bei den 14- bis 19jährigen Privatfernseh-Nutzern.

Rein quantitative Reichweitenmessungen und Messungen der Nutzung des Mediums Fernsehen im Tagesverlauf sind angesichts dieser veränderten Nutzungsgewohnheiten zu relativieren. Für Unternehmen, die kommunikativ die „Generation X" erreichen wollen, die ihre Botschaften via TV-Spots dieser Zielgruppe nahebringen wollen, dürfte dieses Rezipientenverhalten die ökonomische Rechtfertigung von achtstelligen TV-Kampagnen sogar in Frage stellen – zumindest als Maßnahmenschwerpunkt. Daher sind für die Gestaltung der Werbespots Konzepte und Umsetzungen erforderlich, die letztendlich den Nerv der Zielgruppe schon an den Rezeptoren treffen, quasi im Vorübergehen! Tiefenpsychologische Analysen sind auch hier hilfreicher als reine Zahlenschieberei.

Sicher sind die hohen Reichweiten von Fernsehen überhaupt und besonders auch bei den 16- bis 29jährigen im Vergleich zu anderen Medien beachtlich, und die Awareness- und Recall-Werte von Werbekampagnen sind häufig erst durch TV-Spots in die Höhe geschnellt – zumindest im Massenmarkt ist dies der Fall. Doch was nützen die Erfahrungen und altbewährten Techniken bei der Ansprache einer Klientel, die ständig auf der Flucht vor dem Mainstream, vor der Massenware ist. Daß alles im Umbruch ist, wird allmählich von den Werbetreibenden akzeptiert, doch zündet man bei Begegnungen mit „der anderen Art" immer noch allzu gern die alten Buschfeuer an oder setzt auf altbewährte Höhlenmalerei! Setzt sich das Pay-TV eines Tages durch (der Verzicht auf Werbung beliebter Jugendsender im Radio ist hier schon ein Indiz) dürften Produkte mit TV-dominierter Werbekampagne große Probleme haben, ihren Bekanntheitsgrad zu halten. Proagieren ist auch hier ratsamer als Reagieren. Aber da sind ja vielleicht noch die Jugendlichen und jungen Erwachsenen, die sich infolge der sich verschärfenden ökonomischen Krise und des staatlichen Sozialabbaus die bunte Erlebniswelt vor der Haustür irgendwann nicht mehr leisten können und sich vor das Fernsehen, als „Rund-um-die-Uhr-Erlebnis-Ersatz", flüchten müssen. Bei diesen ließe die Haushaltskasse auch kein Pay-TV mehr zu, aber sicher auch keine attraktive Konsumbereitschaft.

Der Hörfunk hat in den letzten Jahren bei der Reichweitenbetrachtung offensichtlich keinen dauerhaften positiven Nutzen aus der Dualisierung des Rundfunksystems erfahren können, läßt man die Gewinne an Hörern bei den kommerziellen Sendern, die „Überläufer" von den öffentlich-rechtlichen Rundfunkanstalten also, außer Betracht. Zwar haben sich hier besonders bei den Jugendlichen und jungen Erwachsenen die Programm-Präferenzen gewaltig zu Lasten der öffentlich-rechtlichen Sender verschoben, doch insgesamt ist die Nutzung des Hörfunks in und außerhalb der Freizeit besonders bei den 14- bis 19jährigen vor allem in den alten Bundesländern stark zurückgegangen. Für die 14- bis 19jährigen in den neuen Bundesländern ist diese Entwicklung nicht ganz so dramatisch. Die Nutzung dieses Mediums ist trotz hoher Reichweiten bundesweit bei der Gesamtbevölkerung für die Altersgruppe der 14- bis 29jährigen nur noch eine unterdurchschnittliche, bezogen auf alle anderen Altersgruppen.[81]

Die einst starke Affinität zum Hörfunk der neuen Bundesbürger aufgrund dürftiger Alternativen in früheren Zeiten wird sich hier noch auf die im neuen Bundesgebiet etwas positivere Einstellung gegenüber diesem Medium auswirken. So wird die politische Informationsfunktion zumindest von den männlichen jungen Erwachsenen in den neuen Bundesländern mit starkem politischen Interesse höher bewertet als die des Fernsehens. Insgesamt hat der Hörfunk aber, ähnlich wie das Fernsehen, an Glaubwürdigkeit verloren. Fernsehen und Hörfunk werden von den 14- bis 29jährigen zunehmend gern miteinander kombiniert.[82]

Wie lassen sich Erfolgspotentiale von Funk und Fernsehen bei der Ansprache der „Generation X" nutzen? Betrachten wir hierzu Beispiele aus dem privaten Fernsehen und dem Hörfunk der öffentlich-rechtlichen Rundfunkanstalten.

Das neue Rezipientenverhalten der schwierigen „G Xer" (siehe auch unter Abschnitt „Versatzstücke" in diesem Buch) in Verbindung mit der zunehmenden Bedeutung des Fernsehens als Begleitmedium und der Verdrängung des Hörfunks stellen neue Anforderungen an die Gestaltung und die kommunizierten Inhalte beider Medien.

Der neue junge Rezipient verfügt kaum über ein großes Ausmaß an „Sitzfleisch" und jagt seinem Wesen nach mit all seiner Begeisterung der Wahrnehmung mehrerer Optionen gleichzeitig nach. Dieser Fakt sollte spätestens an dieser Stelle bei allen „G X-Observern, -Huntern und -Trappern" sitzen!

Als reizresistentes Wesen kann den „G Xer" nur noch relativ wenig von seinem „zerebralen Hocker" reißen. Schnelle Schnitte, vertraute (weil aus der eigenen Szene bekannt) oder schräge Klänge, skurile Perspektiven und dramatische Farben, Anglizismen und schnelle Wortsalven schaffen den notwendigen Rahmen für den Transfer von Botschaften, da erst durch diese und ähnliche Elemente Aufmerksamkeit und damit Interesse bei der Zielgruppe erzeugt werden kann. Eine so gesteigerte visuelle und akustische Dynamik läßt keine Langweile mehr aufkommen – und davor fürchten sich die 16- bis 29jährigen „Spannungs-Hedonisten" ja am meisten.

Um Informationen und Zusammenhänge vor einem möglichen „Zerhacken" zu schützten (Zapping, Switching), bieten sich kleine Programmeinheiten und kleinformatige Sendeformen an, die dem Zuschauer jederzeit den Ein- oder Ausstieg in das oder aus dem Programm ermöglichen.

Hierin kommen die Spartenprogramme wie MTV und VIVA der Zielgruppe der 16- bis 29jährigen entgegen. Sie setzen – anders als immer noch in den öffentlich-rechtlichen Jugendsendungen vorherrschend – kein problembewußtes, lern- und diskutierfreudiges Publikum voraus. Statt dessen schaffen MTV und VIVA mit Hilfe von Musikclips non stop und reduzierter und cooler Moderation (Kurzinfos aus der Musikszene) Abgrenzungsmöglichkeiten gegenüber der Welt der Erwachsenen, eignen sich zur Nebenbeibenutzung und treffen mit ihrer Dynamik genau ins Erlebens- und Wahrnehmungstempo der jungen Zielgruppe.[83]

Mittlerweile haben sich diese beiden Sender soweit bei der Zielgruppe etabliert, daß sie als Code dienen, um sich als „dazugehörig" outen zu können. Wenn Freunde zu Besuch kommen, wird die MTV- oder VIVA-Sound- und Bildkulisse extra eingeschaltet; dies allerdings auch, um dem Fall vorzubeugen, daß eventuell kein Gespräch zustande kommt, wobei sich der Musiksender VIVA bei den 16- bis 19jährigen insgesamt einer größeren Beliebtheit erfreut als der Sender MTV.

Als Gründe dafür werden von den jungen Rezipienten u. a. die deutsche Sprache und das vielseitigere Musikangebot angegeben. Ersteres wird besonders bei den Spezialsendungen als besonders wichtig erachtet, da so wichtige Szene-Informationen nicht an der Sprachbarriere scheitern müssen. Das inhaltliche Angebot der Specials bei MTV wird allerdings, so man denn der englischen Sprache mächtig ist, qualitativ höher eingeschätzt als das der VIVA-Specials.[84]

Serialisierung und Formatierung gestehen den Rezipienten Formen von Halbaufmerksamkeit zu, ohne dabei Informationsverluste in Kauf nehmen zu müssen. Soap-operas, die einfach den normalen Alltag der Zielgruppe widerspiegeln, mit typischen Problemen und hohem Identifikationspotential für die Zielgruppe wie z. B. „Gute Zeiten, Schlechte Zeiten", „Power Rangers", „Verbotene Liebe", „Melrose Place" oder diverse Comedies – meist aus dem US-amerikanischen – eignen sich neben den Videoclips fragmentierter Musiksender auch hervorragend als leicht konsumierbare Oberflächenreize und Parallel-Naschwerk für das ungezwungene Background-Medium Fernsehen der späten Neunziger.[85]

Der Reichweitenverlust der öffentlich-rechtlichen Rundfunkanstalten besonders bei den Jugendlichen und jungen Erwachsenen macht hier

den großen Nachholbedarf bei der Programmgestaltung jugendspezi-
fischer Sendungen mehr als deutlich.

Zum Start von MTV im Jahre 1981 waren die ersten Worte, die durch
den Äther gingen: „Ladies and Gentlemen, Rock 'n' Roll". Dieser
Satz stand sinnbildlich für ein bestimmtes Lebensgefühl, das seine
Wurzeln in der Jugendrevolte der fünfziger Jahre hatte (siehe Entwicklung der Jugendkultur in diesem Buch). MTV steht also für die
jugendliche Rebellion gegen die Konventionen der Erwachsenenwelt,
gegen etablierte Strukturen. Unterstützt wird dieser Auftritt u. a.
durch eine Anzeigen-Kampagne, in deren Mittelpunkt genau diese
Jugendlichen standen. Angesprochen wird ein Lebensgefühl, das sich
im Zeitverlauf immer wieder neu formiert und abgrenzt.

Dieses Lebensgefühl läßt sich nur schwer beschreiben. Es muß gelebt
und erfahren werden, wobei die Erfahrungsmöglichkeiten hier von
Drogenkonsum über okkulte Praktiken, Raves- und Techno-Parties,
Szenesportarten bis zu Präferenzen für spezielle Musik-, Film- und
Fernsehgenres (alles was Kult ist) reichen. So ist eine weite Verbreitung dieses Lebensgefühls nur über eine Vielzahl von Medien möglich, einerseits über die Musik, andererseits über ästhetische Stile als
visuelle Zeichen, vermittelt über Bilder, die dann z. B. in Videoclips
als solche identifiziert werden. Die symbolische Jugendrebellion des
Musikkanals MTV manifestiert sich also als eine ästhetisch radikale,
die über Kommunikation und konsumistische Aktivität herrschende
Maßstäbe in Frage stellt. Dabei setzt man auf die Kraft präsentativer
Symboliken wie Musik, Tanz, Bildfragmente und -montagen, die sich
allerdings einer sprachlichen Annäherung und Auseinandersetzung
weitgehend entziehen. Neben einer „rebellischen" Moderation bilden
Videoclips mit pop- und rockmusikalischem Kontext den Schwerpunkt. Die Clips entsprechen dabei der Vergegenständlichung von
Traumsequenzen. Symbolhaltige Bilder, die oft einen Querschnitt
durch die gesamte Menschheits- und Kulturgeschichte darstellen,
werden mit hoher Geschwindigkeit aneinandergereiht und verflochten. Die Bilderwelten der Clips entsprechen dabei ihrem musikali-
schem Kontext, enthalten Elemente von Eigenwerbung und involvie-

ren den Rezipienten – den Träumenden – durch eine zielgerichtete Ansprache.[86] Wie im Traum erscheinen immer wieder Worte, Symbole oder überdimensionale Bildfragmente (Auge, Mund) die den Beobachter immer wieder magisch in den Kontext saugen.

Die Geschwindigkeit des Bildwechsels ist dann oft auch Ursache eines Unterbrechens der Betrachtung infolge der Überreizung der Rezipienten (vor allem bei einer parallelen Beschäftigung mit anderen Dingen). Ähnlich wie in der Chill-out-Zone der Techno-Location sucht sich das „übererregte Erregungshirn" einen Ruhepol zum Verschnaufen bis zur nächsten Ekstase.

Die Ansprache der „Generation X" muß ständig erneuert, verbessert werden. MTV wie auch VIVA haben hier einen wichtigen Aspekt erkannt: MTV bringt mit „In Touch" ein neues Format. Moderatoren fahren über das Land und sprechen mit Jugendlichen über persönliche Probleme oder Popmusik. Auch VIVA will „dichter ran" durch eine stärkere regionale Ausrichtung. Nach einem Büro in Hannover sind inzwischen gleiche Einrichtungen in Berlin, Stuttgart und Bremen realisiert worden; auch München soll ein solches Regional-Büro erhalten. „Die Glaubwürdigkeit von VIVA steigt dadurch immens."[87]

Eine weitere Aktivität: eigene Printmagazine der beiden Sender. MTV hat allerdings von „Xtreme" nur 40 000 Hefte verkauft und – nach nur sechs Monaten – im April 1997 das Heft eingestellt.[88] VIVA ist – immer noch – in der Planungsphase. Man erwartet nun für August 1998 die Bekanntgabe des Start-Termins. Interessant ist hier, daß das TV-Medium nach Multiplikatoren über das Print-Medium sucht.

Zum Hörfunk: N-Joy Radio bedeutet Spaß am Hören und darauf kommt es an! Seit dem 4. April 1994 schickt die ARD ihre NDR-Jugendwelle durch den Äther und trat damit in die Offensive gegen die „gewinnorientierten Musikabspielstationen" angesichts flüchtender junger Hörerscharen zur kommerziellen Konkurrenz. Die Erkenntnis, daß die avisierten 14- bis 19jährigen Radiohörer nur durch ein ganz spezielles Angebot zu erreichen und nicht einfach in den

Programmen zu integrieren sind, die eine breitere (14 bis 49 Jahre) Allgemeinheit ansprechen, brachte N-Joy Radio auf den Plan.

Selbst SWF 3, die Kultwelle im Südwesten und Vorbild ganzer Generationen moderner Radiomacher, beklagt dieses Phänomen abwandernder junger Hörer.

Ziel von N-Joy war es also, die abtrünnigen jungen Hörer zurück- und neue junge Hörer dazuzugewinnen. Neue Programmrezepte mußten her: Jugendradio darf nicht belehrend daherkommen und nicht ständig im nervtötenden Bewältigungseifer nach neuen Problemen suchen, die womöglich die Hörer überhaupt nicht interessieren. Manche Themen sind hier genauso „nebendran" wie z. B. das krampfhafte Bemühen, die Sprache der Kids zu kopieren. Ein „intelligentes Kopfradio" mußte her, das Programm sollte dem entsprechen, was sich in den Köpfen junger Menschen befindet. So ist N-Joy denn auch nicht sprachlos, sondern das Wort, die Information hat einen eigenen Stellenwert, wobei wirkliche Interessensgebiete gnadenlos ausdiskutiert werden können und nicht von vorneherein im Zeitlimit liegen müssen. Berichte z. B. über Umwelt, Jugendarbeitslosigkeit, Rechtsradikalismus oder Themen aus dem Kulturbereich interessieren die jungen Hörer – ihrer viel zitierten unpolitischen Einstellung zum Trotz. In neuen Programmteilen des Radios werden dagegen auch alle – sonst gelesenen – Nachrichten durch News-Shows ersetzt, um so eine hohe Dynamik zu erhalten. Im Wort wie im Musikbereich gilt: die Vielfalt machts! Das renommierte Auslandskorrespondenten-Netz der ARD sowie ein voll vernetztes Computernetz des Radios lassen N-Joy hier zur Hochform auflaufen. Seit 1996 wurde die Attraktivität des Jugendradios u. a. durch die Hörerwunschsendung „Eure Musik pur" ergänzt (werktags von 13.05 bis 14.00 Uhr - zu einer Zeit also, wenn die Schule aus ist und die Teens die höchsten Einschaltquoten im Hörfunk liefern).

Dem NDR ist es mit N-Joy sogar als einziger Landesrundfunkanstalt gelungen, die Grenzen der deutschen Teilung zu überwinden. So sendet N-Joy täglich von 18.00 bis 19.00 Uhr live aus Rostock, um Jugendliche in Ost und West miteinander vertrauter zu machen. Der Erfolg des Jugendradios kann sich sehen lassen: N-Joy Radio erreichte 1997 mehr als eine Million Hörer, zum größten Teil aus der Hauptzielgruppe der Unter-20jährigen.

Auch Radio Eins Live (WDR) veränderte im Frühjahr 1997 sein Wochenendprogramm. So liefert am Samstagabend der „Eins live Partyservice" ab 20.03 Uhr vier Stunden lang – ähnlich den Sendern VIVA und MTV – den musikalischen Background für Jugend-Feten. Musik pur, ganz ohne Moderation, nur unterbrochen zu aktuellen Anlässen von Nachrichten oder Verkehrshinweisen. „Eins Live" erreichte 1997 mit 39 Prozent bei den Hörern zwischen 14 und 29 Jahren – sein weitestes Publikum. Ganz ohne Werbung kommt der Sender – ähnlich wie SWF 3 – allerdings nicht aus.[89]

SWF 3 änderte Anfang 1997 sein Morgenprogramm „SWF3-ON", mit dem er seine jungen Hörer weckt, in Outfit und Länge (eine Stunde länger). Nach „SWF3-ZAPP"und „SWF3-MACK" läuft dann bis 24.00 Uhr die neue Abendshow „SWF3-ÄXX". Damit stellt sich auch der Südwestfunk auf die jungen „G X"-Rezipienten ein, die ab 19.00 Uhr zu „Partysanen" mutieren.[90] Insgesamt betrachtet zeigen die Angebotspaletten privater Rundfunksender sowie die Erfolge erster Ansätze öffentlich-rechtlicher Rundfunkanstalten, daß beim Hörfunk hinsichtlich der Zielgruppe der „Generation X" noch große Potentiale genutzt werden könnten, wenn es gelänge, die Attraktivität des Hörfunks durch gute, auf das veränderte Rezipientenverhalten dieser Altersgruppe abgestimmte Programmkonzepte entsprechend zu steigern. Für die Werbetreibenden können die ersten Erfolge der Rundfunkanstalten bereits ein Zeichen für die wahrscheinlich zukünftig wachsende Bedeutung des Hörfunks sein, was sie angesichts horrender Preise für TV-Werbezeiten und TV-Spots-Produktionen (verglichen mit Produktionen von Radiospots) sicherlich begrüßen würden.

Zeitungen und Zeitschriften

Tageszeitungen

Angesichts gesunkener Reichweiten der Tageszeitungen in der Gesamtbevölkerung, die auch auf einer geringeren Verfügbarkeit von
Tageszeitungen in den Haushalten basiert (gesunkene Abonnenten-
zahl, besonders in den neuen Bundesländern), erstaunt die trotzdem
relativ hohe Reichweite dieses Mediums bei den 14- bis 19jährigen,
die noch höher bei den 20- bis 29jährigen zu Buche schlägt. Bei
letzteren konnte die Tageszeitung Reichweiten erzielen, die zwar –
im Vergleich zur Bevölkerung insgesamt – relativ niedrig waren, jedoch konnte dieses Medium immerhin mehr als die Hälfte aller jungen Erwachsenen als Leser dieses Mediums ausmachen.[91] Eine ganz
pragmatische Ursache für dieses positive Ergebnis könnte darin liegen, daß Jugendliche und junge Erwachsene einfach eher zur Tageszeitung greifen, wenn diese im Haushalt bereits vorhanden ist (wenn
also die Eltern bereits Zeitungsleser sind). Allen Unkenrufen zum
Trotz ist die Tageszeitung für die meisten Jugendlichen und jungen
Erwachsenen doch zumindest ein interessantes Medium geblieben,
auch wenn sich die Vorlieben dieser Altersgruppe stark in Richtung
elektronische Medien verschoben haben. Um das Interesse der 16- bis
29jährigen an der Tageszeitung etwas genauer zu beleuchten, bietet
sich besonders die Betrachtung der örtlichen Tageszeitung an, die
von dieser Zielgruppe am häufigsten gelesen wird. So ist die örtliche
Tageszeitung eine Hauptinformationsquelle für Jugendliche und junge Erwachsene, wenn es um ihre wichtigsten Interessengebiete geht.
Dazu gehören z. B. Freizeittips, Kinoprogramm, Konzerte in der
Umgebung. Aber auch Einkaufstips oder Sonderangebote sind Themen, für die sich hier ein Blick in die örtliche bzw. regionale Presse
lohnt. Da die „Generation X" nicht unpolitisch ist, wie immer noch
vereinzelt zu hören ist, sondern einfach ein anderes Politik-
Verständnis hat, sind auch politische Fragen in der Lokalpresse
durchaus von Bedeutung.

Bei der „Generation X" stoßen Weltprobleme oder große Visionen kaum auf Interesse; angesichts politischer und ökologischer Probleme unserer Zeit macht sich bei den Jugendlichen und jungen Erwachsene eine Ohnmacht gegenüber großen, globalen Problemen und weltpolitischen Zusammenhängen breit. Doch steckt hinter dieser scheinbaren allgemeinen „Politikverdrossenheit" eine Art pragmatische Grundeinstellung, welche den Idealismus früherer Jugend-Generationen abgelöst hat. Eingebunden in ein gewachsenes soziales Gefüge kann auch der Ego-Optimist ohne Gemeinschaftsverlust und Wertekonflikt ein gewisses gesellschaftliches Interesse und Engagement nicht von der Hand weisen. Doch dem Mach- und Erreichbaren widmen die 16- bis 29jährigen mehr Energien, weil der Rahmen sich hier überschaubar und endlich präsentiert und Erfolgschancen eigener Bemühungen hier eher absehbar sind. So leuchtet auch das Interesse am Lokalteil der örtlichen Tagespresse ein. Neben den Ereignissen aus der Stammkneipe oder dem Sportverein interessiert auch das politische nahe Umfeld wie z. B. ausführliche Berichterstattung über Demonstrationen, Unterschriftensammlungen, Kommunalpolitik, Themen wie Umweltschutz, Ausländerfeindlichkeit oder die Rettung des Biotops hinter der Schule.

Die Tageszeitung, wenn sie denn als Informationsquelle genutzt wird, sollte daher aus Sicht der 14- bis 29jährigen hauptsächlich klar und übersichtlich gestaltet sein, einen Veranstaltungskalender für junge Leute enthalten, ein modernes lebendiges Layout haben, zu wichtigen Themen junge Leute selbst zu Wort kommen lassen und auf eine einfache, verständliche Sprache setzen. Allzu poppige Aufmachung oder zu musik- oder szenelastige Themen wirken hier selbst auf speziellen Jugendseiten eher lächerlich. Die Tageszeitung ist vorrangig ein Medium der Erwachsenen und wird als solches auch akzeptiert. Daher ist hier auch von der Verfremdung und dem Auflösen starrer Blöcke abzuraten, da ein zu schrilles Layouts nicht nur lächerlich, sondern sogar anbiedernd wirken und damit Imageverluste provozieren könnte. Dann empfiehlt sich eher die Ansprache über das Internet mit all seinen Gestaltungsspielräumen, um den Informations- und Unter-

haltungsgewohnheiten der „Generation X" glaubwürdig zu entsprechen.[92]

Für Unternehmen, die die „Generation X" erreichen wollen, eignet
sich das Medium lokale/örtliche Tageszeitung also durchaus für den
Transfer von Produktbotschaften, besonders gut aber für image-
fördernde Berichterstattungen im Rahmen der klassischen Pressearbeit (z. B. Darstellung von eigenen moralischen Pluspunkten, bezogen auf Aktivitäten für die Umwelt, für das engere oder weitere soziale Umfeld der Zielgruppe o. ä.). Aber auch Produktneuheiten oder
besondere Angebote – hier besonders für den lokalen Handel – können der jungen Klientel über die örtliche Tageszeitung schmackhaft
gemacht werden.

Zeitschriften (Szenezeitschriften, Uni- und Stadt-
magazine, Fanzines)

Zeitschriften sind für die 16- bis 29jährigen ein sehr beliebtes Medium, das sich auch besonderer Beliebtheit in der kombinierten Nutzung mit anderen, z. B. elektronischen, Medien erfreut. Besonders
die 14- bis 19jährigen nutzen Jugend-, Musik-, Computer- und Szenezeitschriften überdurchschnittlich häufig. Mädchen greifen dabei
noch öfter zu einer Zeitschrift als Jungen, womit sich auch die gravierende Zunahme von Mädchenpressetiteln in den letzten Jahren erklären läßt. Dabei gilt, Mädchen lesen lieber General-Interest-, Jungen
eher Special-Interest-Titel. Bei den Jugendlichen und jungen Erwachsenen nimmt ab dem 17. Lebensjahr das Interesse an Jugendzeit-
schriften allerdings schon wieder deutlich ab, und mit der Lesertreue
nehmen es die jungen Entscheidungsstreß-Geplagten auch nicht so
genau. Ursache hierfür ist u. a. die gewachsene Unübersichtlichkeit
durch die zunehmende Zahl fernsehbezogener Titel sowie von Mu-
sik-, Sport-, Computer- und Fan-Magazinen (Fanzines).[93] Auch
Hochschulmagazine (Unicum u. ä.) und Stadtillustrierte halten mit

wachsender Begeisterung Einzug in den Jugendpressemarkt. Gerade Uni- und Stadtmagazine sind – bezogen auf das Informationsbedürfnis an lokalen Ereignissen in Politik und Wirtschaft sowie an Veranstaltungen – für die 16- bis 29jährigen eine willkommene Info-Quelle, mit geringsten Streuverlusten für Werbetreibende. Die Auflagen wachsen hier zusehens und längst haben diese Printmedien nicht nur in Schulen und öffentlichen Einrichtungen, sondern in Kneipen, Clubs, Bistros oder bei findigen Einzelhändlern einen festen Platz erklommen, oft gratis. Gerade Uni- und Stadtmagazine sind mittlerweile ein beliebter Tummelplatz für clevere Finanzdienstleister aller Chargen geworden und erfreuen sich einer steigenden Beliebtheit bei den Werbestrategen (vgl. Anhang, Abbildung A 1 und A 2).

Was bislang den Untergrund zierte, reckt nun die Nase in die Sonne – die Fanzines. Von Fans für Fans – von der Szene für die Szene, so beschreiben Fanzine-Macher ihre Babys. Zwielichtige Inhalte verbergen sich oft heimtückisch hinter biederem Cover. Häme, Obszönitäten, gemeine Stories über Peinlichkeiten aus dem Leben von Stars, schräge Bilder, eigenwillige Texte mit aufgewühltem Schriftsatz und widerborstiger Typo, abseitige Themen, die gewöhnliche Zeitschriften nie aufgreifen würden („Wie backe ich den leckersten Marihuana-Kuchen?", „Kurt Cobains geheime Tagebücher: seine irren letzten Tage" oder „Was tun, wenn der Riemen spannt?") – all das holen Fanzines aus dem publizistischen Untergrund. Dort, wo sich ein paar frustrierte Idealisten von ihrem eigenen journalistischen Unmutspotential frei machen müssen, brodelt ein Potential, das immer professioneller arbeitet, jedoch an Verkaufszahlen und Auflagenstärke ebenso wenig interessiert ist wie an dem Wahrheitsgehalt der vielen bunten Stories. Hauptsache skurril! Die Inhalte spannen sich von Musik, Literatur, über Sport, Comics, Graffiti, Politik, Drogen, Sex bis hin zur Auseinandersetzung mit dem Ich. Nicht das Geld lockt die vielen namhaften Autoren, sondern vielmehr der journalistische Freiraum und der Spaß an durchgeknallten Stories und trotzigen Kommentaren. Die Namen der Fanzines lassen das Happening hinter ihrer Fassade schon fast erahnen: „Mördet Trotzki", „Härter", „Melk die fette Katze", „Super! Bierfront", „Trust" oder „Harakiri". Fanzines erscheinen unregelmäßig wie die „G X". Am Kiosk kann man sie nur selten kaufen. Häufig machen geringe Auflagen diese revolutionären Blätter, die so farbecht die Chaosstruktur der „Generation X" abdecken, für Werbetreibende allerdings uninteressant, zumindest für das Schalten von Anzeigen. Aber inspirieren lassen sich hier z. B. die etablierten Medien schon sehr gern bei dem Versuch, sich der „G X" zu nähern. Doch Vorsicht vor zuviel Kopie ist auch hier geboten. Auch hier hat das World Wide Web einfach bessere Chancen seitens der Akzeptanz der Zielgruppe. Fanzines-Macher üben sich übrigens bereits in „ElectronicZines". Natürlich gibt es auch Fanzines und Szenezeitschriften, die den Sprung in den Kiosk schaffen. „Frontpage" und „Raveline" gehören dazu, auch wenn die „Frontpage" 1997 dem Kampf um mehr journalistischen Freiraum vollständig erlag. Ende '96 verbuchte die monatlich für 4,50 DM erscheinende „Raveline" (vgl. Anhang, Abbildung B) eine Auflagenhöhe von 120 000 Stück. Der „Partysan"– ein Blatt von Ravern für Raver – vom Volk fürs Volk" (vgl. Anhang, Abbildung C) hat eine stattliche Auflage von 310 000 Stück und der „Flyer" aus Berlin, mit der Verfremdung von Markenzeichen auf dem Titelcover, hat eine Auflage von 170 000 Exemplaren. Vertrieben werden beide über Clubs, Läden und Veranstaltungen und erscheinen mit Regionalausgaben, der „Partysan" in der Saison sogar auf Ibiza. Auch der „Flyer" expandiert (1996 gab es ihn in 5 Regionen). Die Nachfrage scheint groß zu sein nach den bunten Mosaiksteinen, denn sie treffen den Nerv von Trendsettern und Insidern und die bestimmen, was nachgefragt wird.

Pioniere unter den Werbetreibenden starten gleich ihre eigenen Fanzines und verteilen diese über Handel, Diskotheken oder bei Events. Seit Sommer '96 bringt Philip Morris Marlboro Network drei mal im Jahr „Out to Lunch" heraus.[94] Die Erfolge solcher Aktivitäten waren bisher recht unterschiedlich. So hat z. B. Overlook („Homeboy") ihr Fanzine bereits wieder eingestellt wegen der zunehmend ablehnenden Haltung einiger Händler.

Kino

Für die Ansprache der „G X" ist das Medium Kino ein sehr interessantes Medium, rein quantitativ zwar mit relativ geringen Reichweiten, qualitativ aber sehr wirkungsvoll. Fernsehen, Radio, Printmedien oder Internet haben eines weitgehend gemeinsam haben: der Rezipient ist für die Zeit der Beschäftigung mit dem Medium aus der großen Gruppe herausgelöst – er konsumiert allein. Dies ist im Kino eher selten, die Welt des Kinos ist vielmehr eine Welt für sich. Man kann sich einen Kultfilm mit der ganzen Clique ansehen und hat das Ausmaß der eigenen Generation unmittelbar vor Augen. Man lacht gemeinsam an gleichen Stellen oder gibt Kommentare durch die Reihen. Das Kino wird zum Ort der Selbstinszenierung innerhalb der Gruppe. Das große Erlebnispotential (bei Multiplex-Kinos noch ausgeprägter) der Kinocenter hat Kult-Charakter. Erinnern wir uns nur an den Reis bei der Rocky-Horror-Picture-Show oder an die guten alten Langnese-Eiscreme-Spots, die jeder schon mitsingen konnte. Gerade in Anbetracht des wachsenden Erfolges deutscher Filmemacher („Independence Day", „Ballerman 6", „Trainspotting" etc.) oder deutscher Schauspieler dürfte auch die Attraktivität des Kinos und die Bedeutung als Ort des gemeinsamen Erlebens zukünftig noch mehr steigen. Nicht ohne Grund hat eine der größten US-Filmproduzenten vor kurzem eine Dependance in Berlin eröffnet.

Neue Medien

Die 14- bis 29jährigen sind mit Abstand die Altersgruppe die sich am stärksten für das Ausprobieren technischer Neuerungen ausspricht. Wen wundert es da, daß sie sich auch überdurchschnittlich für Online-Angebote interessieren wie z. B. Home-Banking, Online-Shopping oder andere Online-Dienste. Entsprechend werden sie – vor allem die 20- bis 29jährigen – auch vorranging von der stark zunehmenden Zahl der Direkt-Banken oder -Versicherungen angesprochen.

Ganz andere, zuvor wohl kaum vorstellbare Dimensionen bietet jedoch das Internet.

Das Internet

Über die Bedeutung des World Wide Web (WWW) für zukünftiges Mediennutzerverhalten sind sich die Experten 1997 noch nicht ganz einig. Der Hamburger Freizeitforscher Horst Opaschowski ließ z. B. Ende '97 auf den Münchner Medientagen noch verlauten, daß noch 20 bis 30 Jahre vergehen würden, bis die Mehrheit der Deutschen ihre Freizeit mit Multimediaangeboten verbringe. Das 21. Jahrhundert wird daher laut Opaschowski mehr ein Erlebnis-Zeitalter als ein Multimedia-Zeitalter sein.[95] Für sich selbst spricht dagegen das Beispiel, daß in etwa zur gleichen Zeit die Nachricht durch die Medien ging, eine neue Technik zweier Unternehmen aus Kanada (Northern Telecom) und Großbritannien (Norweb Communications) ermögliche die Datenübertragung über Stromleitungen. So könnten durch diese Technik Daten aus dem Internet in der Spitze zehn mal schneller abgerufen werden als über ISDN-Leitungen, wie erfolgreiche Tests von „Norweb" ergaben.

Der direkte Zugang von Energieversorgungsunternehmen zu allen Häusern und das hohe Übertragungstempo zu niedrigen Kosten lassen an der enormen Bedeutung dieser Technik, würde sie sich großflächig durchsetzen, und damit verbunden an einem möglichen Durchbruch im Internet kaum noch einen Zweifel.[96] Zu Reichweiten und Benutzerzahlen des Internet sollen an dieser Stelle nur ein paar kurze Beispiele genügen, da das derzeitig am Markt verfügbare Zahlenmaterial (oft werden WWW-Nutzer mit Online-PC-Besitzern in einen Topf geworfen) hier nicht aussagefähig genug ist. Die digitale Revolution ist allgegenwärtig, derzeit sind schätzungsweise zwischen 100 Millionen Nutzer weltweit per Internet verbunden. Besonders bei den 14- bis 29jährigen setzt sich das Internet auch in Deutschland mit wachsender Begeisterung durch. „Ist der Daddy fit", findet die 12jährige Tochter auch schon mal die brandneuesten Infos über die

Lieblings-Boy-Group im Netz der Netze. Wenn 15jährige sich in Foren und Chatlines des Online-Dienstes tummeln, stört das niemanden: Alter, Geschlecht, Herkunft oder Beruf sind online unwichtig.[97] Jeder ist hier willkommen. Doch was macht das Internet nun so interessant für die „Generation X"?

„Im Internet weiß niemand, daß Sie ein Hund sind" – das Internet ist ein ideales „G X"-Medium.

Die „Generation X" schummelt sich scheinbar an einer persönlichen Betroffenheit über die Wirklichkeit vorbei, indem sie eine Beobachterposition gegenüber dem realen Alltag einnimmt. Sie schafft sich eine Art Paralleluniversum, einen „Hyperrealismus", von dessen Podest aus sie sich die Wirklichkeit einverleiben kann wie eine Theatervorstellung. Die Welt wird so registriert und relativiert. Absolute Wahrheiten und Dogmen werden auf situative Einzelwahrheiten reduziert, die alle gleichberechtigt, schön und unvollkommen nebeneinander existieren. Die Faszination liegt im Erleben eines so fragmentierten Realismus, der zu einer großen Spielplattform geschrumpft ist. Als Beobachter kann sich der „G Xer" jedem Thema cool nähern, ohne einen ernsthaften Schaden an Leib und Seele befürchten zu müssen. Jede Bewegungsrichtung ist dabei legitim. Das Spielen im großen Archiv des Vergangenen und Gegenwärtigen ist eine Flucht vor zu ernsthaftem Involvement, entschiedenen Handlungen und daraus resultierenden schmerzhaften Konsequenzen. Zu große Visionen und Idealismus besitzen etwas von diesem anrüchigem Stoff, aus dem Krisen sind und werden daher, wie wir bereits wissen, abgelehnt. Die Lebensmaxime der „Generation X": „Mitbewegen innerhalb des Gegebenen ohne sich zu erregen"[98] ruft die Notwendigkeit eines projezierten Paralleluniversums auf den Plan, mit dessen Hilfe man sich über Zeichen und Codes eine autarke Position gegenüber der problematischen Realität verschafft. Wo gibt es also eine bessere Möglichkeit, sich der Auseinandersetzung mit der Realität zu entziehen, ohne daß man auch nur die kleinste Bewegung in dieser Realität verpassen müßte? Wo könnte man sich unauffälliger ein Kostüm überstreifen und sich zum Regisseur und Akteur seiner eigenen Inszenierung erheben und gleichzeitig am Mythos der Allgegenwertigkeit und einem köstlichen World-Wide-Voyeurismus partizipieren? – Wo, wenn nicht im alles überspannenden World Wide Web?!

Kein Medium ist so farbprächtig, so multikulturell und -optional, so schrill und schillernd wie das Internet. Avantgardistische Künstler und Literaten, schrille Visionäre und anarchistische Gemüter waren die ersten Akteure im Netz. Krimminelle agieren neben Moralaposteln, Prostituierte gleich „Links" neben dem Dalai-Lama, Neonazis neben Greenpeace-Aktivisten. Hier kommt der Verbraucher in den Genuß des ungeahnten Gefühls, einfach alles, was er will, auch wirklich haben zu können – trotz des faden Beigeschmacks vom wachsenden „Net-lag" (dem Stau auf der Datenautobahn infolge Informationsüberlastung). Abgesehen vom pragmatischen Nährwert der Hypertextualität,[99] einfach durch zusätzliche Informationen und tiefere Gliederungen umfassender zu sein, hat diese Art von Informationsdarreichung einen weiteren „G X"-typischen Vorteil: der elektronische Hypertext entzieht sich eigentlich einer linearen Argumentation, er ist weniger zwingend, da Abschweifungen hier völlig natürlich sind. Ähnlich wie beim TV-Zapping bestimmt der Internet-Nutzer über die Wahl bestimmter „Links" die Reihenfolge der Text- und Bildpassagen und erhebt sich damit unbewußt über den Autor, wird selbst zum Autor und zum Konsument seiner ganz persönlichen Textvariante ohne das Ausgangsplateau für andere Nutzer zu verändern.[100]

Der besondere Kick bei der Nutzung des Netzes liegt also einmal in den vielfältigen Gestaltungsmöglichkeiten im Netzwerk durch die beliebige Nutzung und Kombination der angebotenen Bausteine (Bild, Videosequenz, Sprache, Text oder Musik) zu einem ganz individuellen Bauwerk mit teilweise völlig neuen Bedeutungs- und Interpretationsspielräumen (Interdependenzen zwischen kombinierten Einzelteilen innerhalb eines Systems). Eine andere reizvolle Oberfläche bieten die Möglichkeiten der „neuen Ökonomie der Präsenz" durch das Internet. Gemeint ist damit, vereinfacht ausgedrückt, die

Option, mehrere Dinge gleichzeitig und räumlich unabhängig voneinander verrichten zu können. So kann eine Telepräsenz z. B. synchron, über Liveschaltungen von Stimme und Video oder ferngesteuerte Avataren (Zeichentrickfiguren, Bilder o. ä., die für einen Surfer Handlungen per Knopfdruck oder Fernsteuerung ausführen, während dieser über den Avatar die angeordnete Handlung erlebt und andere Netzbesucher den Avatar dabei beobachten können, wie er koordinierte Dinge verrichtet) oder asynchron, über eine vorher aufgezeichnete Übertragungen von Stimme und Video, autonomen Avatare o. ä. erfolgen. In beiden Fällen werden ein paar bestimmte Sachen (real oder irreal) von einer Person eingefangen, während andere Dinge unterdrückt werden. Bei reinen Textsystemen (z. B. in Usenet-Newsgroups, den Interessengruppen der Anwender) findet diese Art von „Filtertechnik" eine sehr extreme Ausprägung, da durch die reine Textdarstellung eigentlich nur Inhalt und Modalitäten des Geschriebenen Aufschluß über den Online-Bekannten geben. Die Möglichkeiten der Selbstinszenierung sind hier in gleichem Maße beschränkt wie die Möglichkeit des „Abtauchens" hinter dem Geschriebenen gegeben ist. Beim Chat im Netz kann man sich so z. B. als jede x-beliebige Identität präsentieren, da das Aussehen, das Geschlecht, die physische und soziale Identität (Habitus, Stimme, Dialekt) nicht von vornherein den Blick verstellen. Das alltägliche Konzept der Identität ist im Netz außer Kraft gesetzt.[101] „In real life" (Internetjargon: IRL) sind Annäherungen, egal welcher Art, daher problematischer. So ist auch der Flirt im Netz aus gutem Grund eine beliebte Freizeitbeschäftigung für die in sich gefangenen „G Xer". Man hat die konkrete Person nicht vor Augen, sondern ein Phantasieprodukt. Viele Menschen fasziniert das Wechselspiel zwischen Nähe und Distanz – im richtigen Leben fast unmöglich! Sich kennenzulernen, bevor man aus optischen Gründen „ausgegongt" wird, ist eine große Chance, nicht nur die große Liebe, sondern auch eine Menge Freunde zu finden – eben ohne daß es weh tut oder man einen „Knacks fürs Leben" davonträgt. Dabei weiß man oft lange nicht, ob die Frau am anderen Ende auch wirklich eine Frau ist, wie sie behauptet. Es ist ein bißchen schrill, ein bißchen abgefahren, aber ohne wirkliches Risiko –

ein Spiel eben! Die Kommunikation im Netz definiert einen neuen sozialen Raum. Innerhalb der virtuellen Gemeinschaft vollzieht sich einerseits die Fragmentierung des Individuums weiter, denn es gibt eigentlich so viele Gemeinschaften, wie es in Gruppen organisierte Interessen gibt. Ähnlich wie „in real life" bei der Zugehörigkeit zu mehreren Szenen und Cliquen, kann ein Anwender auch im Internet verschiedenen Gemeinschaften angehören. Bringt ihm die gewählte News- oder Chatgroup keinen Nutzen mehr, klinkt er sich per Button wieder aus „... und Tschüß!" Da sich die Individuen ja durch die Teilnahme an solchen Gemeinschaften definieren, die Teilnahme aber nur temporär ist und kontingent, trifft das eben auch nur auf die Definition ihres Selbst zu. So wie die Anzahl der gewählten Spitznamen sich multipliziert, so wandelt sich dann auch das individuelle Selbst – steigert sich also das Ausmaß der Fragmentierung.[102] Andererseits ist es für den „G Xer" nach wie vor ein tolles und nützliches Gefühl in den virtuellen Kokon abzutauchen („Cocooning") und dabei die Gewißheit zu haben, in der Ersatzfamilie von Gleichgesinnten aufgefangen und geborgen zu sein. Faith Popcorn nennt dieses Phänomen „Clanning" und meint damit die Sehnsucht nach Gruppenbildung (Clans), Gruppenzugehörigkeit und -wärme, nach Werten also, die im isolierten Kokon nicht gedeihen können. Im „Cyber-Clan" suchen daher nicht nur die reinen Computerfreaks in der Online-Kommunikation nach einer feineren und reineren Ausdrucksform ohne Vorurteile, Neid und Haß, sondern alle, die unter der ichbezogenen Wirtschaft („Egonomics") und Gesellschaft leiden. Andy Warhol sagte einmal: „Ich fände es toll, wenn sich alle Menschen ähneln würden".[103] Auch die Organisationsformen im Internet sind damit Beweis für die Suche des fragmentierten Individuums, also des typischen „G Xer", nach Zugehörigkeit sowie Identifikation über Regeln und Kontexte einer größeren Gemeinschaft. Macht man sich an dieser Stelle auch noch klar, daß das weltweite Netzwerk ungeahnte Möglichkeiten für derartige Gruppenzuordnungen bereithält, ohne daß das zurückgezogene Individuum seine Festungsmauern real verlassen muß (Clanning im Schutz des isolierten Kokons), dann wird die Faszination gerade für die jungen Sinnsucher der „Generation X" noch deutlicher.

Das „Jumpen" durch die virtuelle Realität ist dabei zwar nichts anderes, als die Wirklichkeit in einem dafür geeigneten Medium leichter verdaulich, aber nicht weniger dynamisch abzubilden und sich im Cyberspace damit interaktiv sogar in Endlos-Dialogen und -diskussionen auseinanderzusetzen, die man im real life eher meidet. Doch durch das bequeme Aussteigen per Knopfdruck aus den alten Gruppen und das Einsteigen in neue ist die Online-Kommunikation nicht halb so stressig und nervtötend, wie die Kommunikation „IRL", im echten Leben.

Die großen gigantischen Spielfabriken der Global-Online-Games setzen auf das wechselhafte, spielambitionierte Individuum einerseits und auf den Mythos des World Wide Web, eines „ortlosen Ortes zeitloser Bewegung" – quasi eines „Nicht-Ortes, eines U-Topos", wo Zeit und Raum keine Bedeutung mehr besitzen, andererseits. Im großen Ozean aus Bits und Bytes verschmelzen z. B. Kanadier, Araber, Japaner mit Briten, Polen oder Deutschen in einer gemeinsamen gigantischen Schlacht zur Rettung vom sagenhaften „Britania". Bis zu 4000 Surfer können sich gleichzeitig weltweit in das Spektakel einklinken und im virtuellen Märchen als Magier, Ritter, Amazone oder Heiler um ihre Ideale kämpfen. Schon wieder eine Ersatzbefriedigung...![104]

Die große Bedeutung des Internet für die Kommunikation mit der „Generation X" liegt auf der Hand. Hier formiert sich eine neue Welt, die noch so unübersichtlich und teilweise chaotisch in ihrer jungfräulichen Schöpfungsperiode fluoresziert, daß es keinen aufregenderen Gedanken für die jungen Cyber-Jedis gibt, als diese Welt gemeinsam für sich zu erobern. Wer Teil des neuen Cyber-Universums ist, kann so also zum begehrten Objekt der Eroberungsstreifzüge werden – vorausgesetzt er kommt nicht langweilig als Statist daher, der eigentlich gar nichts zu sagen hat. Werbestrategen, die sich nur aus Imagegründen in diese neue Welt über langweilige Banner einschleichen, werden hier sehr schnell dem Werturteil der Selbstbeweihräucherung unterliegen und in der aufregenden Welt des Cyberspace eher als Rudiment aus der „alten Welt" identifiziert und ignoriert. Interaktion ist gefragt und die Möglichkeit des Kicks, durch technische Kniffligkeiten im und mit dem Hypertext in Aktion zu treten. Intelligente Lösungen, die der Zielgruppe ein Höchstmaß an Spaß und Kurzweile bereiten, sind dem Mißbrauch des Internet zu reinen Selbstzwecken (der Glaubwürdigkeit zuliebe!) unbedingt vorzuziehen. Auch im Bereich des Online-Shoppings von Produkten und Dienstleistungen liegen hier noch viele ungenutzte Potentiale brach, die oft noch mit einem fehlenden Interesse der 16- bis 29jährigen entschuldigt werden. Der Einzelhandel reagierte mit Online-Angeboten häufig nur, weil er die Konkurrenz der Hersteller durch eine Umgehung des Handels per Online befürchten muß, seltener, weil ihm (bis auf wenige Ausnahmen) etwa das veränderte Informationsverarbeitungsverhalten der Konsumenten oberstes Gebot ist.

Unsere Umfrage bei den 16- bis 29jährigen zeigt deutlich den Stellenwert des Internet gerade in Bezug auf die eher unbekannten Lieblingsmarken, mit relativ kleinem Marktanteil und relativ kleinem Werbebudget.

3. Wie reagieren führende Unternehmen auf die „Generation X" ?

Ergebnisse einer Umfrage

Ist die „Generation X" ein „Modelüftchen" wie viele andere Themen im Marketing, die heute als ganz wichtig angesehen werden und morgen schon wieder vergessen sind? Oder steckt nach Meinung führender Marketingexperten weit mehr dahinter? Und nicht zuletzt: wie stellen sich Unternehmen auf diese Herausforderung ein?

Zu diesem Thema wurden 24 Unternehmen – überwiegend Marktführer – befragt. Hierbei wurden solche Unternehmen ausgesucht, bei denen – aufgrund ihrer Produkte, ihrer Werbung o. ä. – zu vermuten war, daß für sie die "G X" eine wichtige Zielgruppe ist. Soweit es möglich war, wurden hier solche Unternehmen ausgewählt, die für hohe Kompetenz im Marketing stehen.

Zu diesen Unternehmen (Produkte in Klammer) gehören u. a. (in alphabetischer Reihenfolge):

Adidas, C&A, Coca-Cola (mit Cherry Coke), Henninger (mit Galaxy), Hertie, Karlsberg, Karstadt, Union Deutsche Lebensmittel (mit Langnese), Levis, Mustang, Nike, Opel, Otto-Versand, Pepsi, Procter & Gamble (mit Clearasil und Hugo), Racké (mit Baracuda), Swatch, Schwäbisch-Hall, Volkswagen, Wilms Importhaus (mit Fisherman's Friend), Wella und Nestlé.

Zunächst wurden telefonisch die „richtigen" Ansprechpartner ermittelt. Hierbei handelte es sich in der Regel um den Leiter der Marketingabteilung oder den zuständigen Produktmanager. Danach wurde diesen ein Anschreiben mit einem Fragebogen zugesandt. Soweit nach 10 Tagen keine Reaktion zu vermelden war, wurde telefonisch nachgefaßt. Diese Verfahrensweise führte zu einem sehr guten Rücklauf von 83 Prozent; der gute Rücklauf zeigt aber sicherlich auch das große Interesse an diesem Thema.

Die Fragen waren überwiegend gestützt. Die gewählten Items basierten auf einer ausführlichen Auswertung von Literatur und Umfragen zum Thema „G X".

Die Umfrage zeigte ganz deutlich, daß die „Generation X" von den Unternehmen nicht als eine Zielgruppe wie jede andere betrachtet wird: 90 Prozent der befragten Unternehmen bezeichnen die „G X" als besonders schwierig.

Als Gründe werden vor allem Hindernisse und Barrieren in der Kommunikation mit dieser Zielgruppe genannt. Hindernis 1: die richtige Sprache zu finden – 83 Prozent bekennen hier, große Probleme zu haben.

„G Xer" sind weitaus erfahrener und „cooler" auf dem Gebiet der Werbung als andere Zielgruppen. Daraus resultiert Hindernis 2: der besonders hohe Anspruch dieser Zielgruppe an die Glaubwürdigkeit.

Als Hindernis 3 nennen die befragten Unternehmen, Kommunikationsformen und -wege zu finden, von denen sich möglichst viele Stämme, Subkulturen und Szenen dieser zersplitterten Zielgruppe angesprochen fühlen.

Die großen Schwierigkeiten mit dieser Zielgruppe führen zu verstärkten Research-Aktivitäten der Unternehmen: 89 Prozent sichern sich durch Marktforschung ab. Im einzelnen nennen hier:

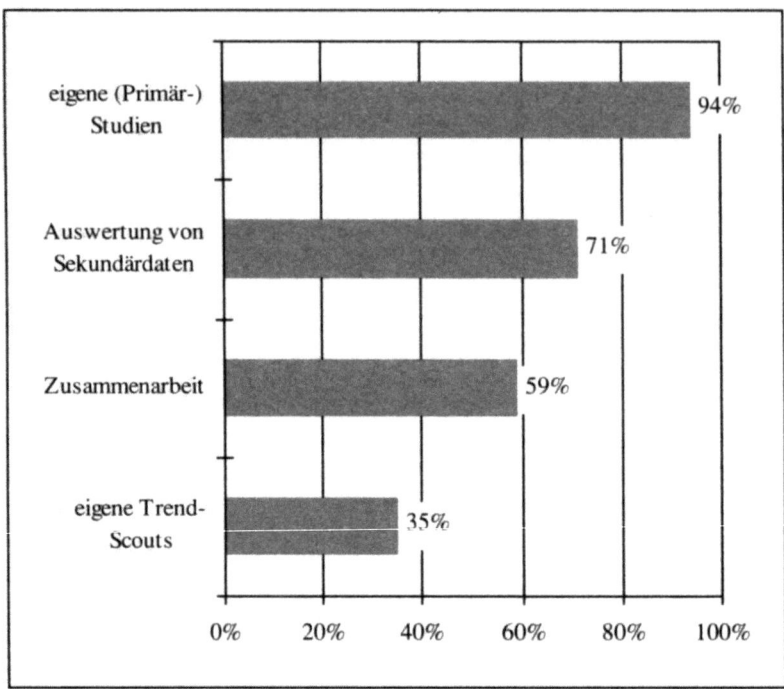

Abbildung 1:   Research-Aktivitäten der Unternehmen im Hinblick auf
die „Generation X" (Basis: Unternehmen mit entsprechenden Marktforschungsaktivitäten = 100 %)

Der intensive Einsatz der Marktforschung bringt den Unternehmen zahlreiche Erkenntnisse für die Entwicklung ihrer Marketing- und Kommu-
nikationskonzepte. Folgende Eigenschaften der „Generation X" werden
hierbei ihren Angaben nach besonders berücksichtigt:

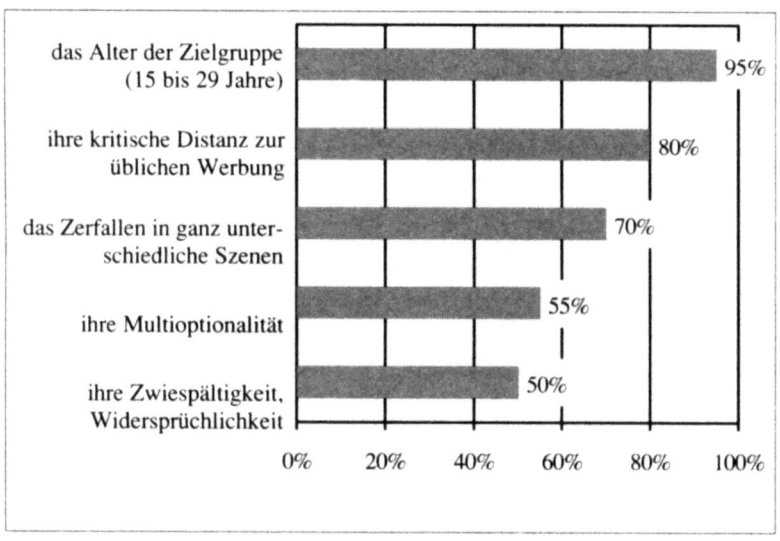

Abbildung 2:   Auf welche Eigenschaften der „G X" Unternehmen bei
                der Entwicklung ihres Marketing- und Kommunikations-
                konzepts besonders abstellen (Basis: befragte Unter-
                nehmen insgesamt = 100 %)

Während viele Unternehmen noch dazu tendieren, das Spezifische der
„Generation X" in ihrem Marketing-Mix einfach zu ignorieren, kennen
zumindest die befragten Unternehmen annähernd die Zielgruppe und
wissen, wie schwierig diese anzusprechen ist. Hierbei war festzustellen,
daß das besonders Typische dieser Zielgruppe, nämlich das Widersprüchliche, vor allem von solchen Unternehmen genannt wurde, die bei
der Ansprache der Zielgruppe weltweit besonders große Erfahrungen
haben wie zum Beispiel Levis, Nike oder auch Adidas.

Unternehmen können im Rahmen ihres Marketinginstrumentariums
mehr oder weniger intensiv auf die „G X" reagieren:

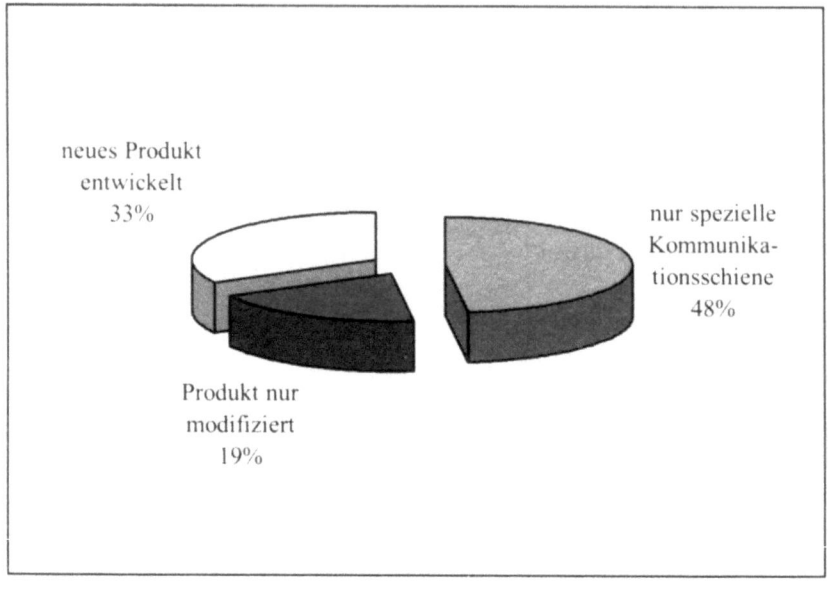

neues Produkt
entwickelt
33%

nur spezielle
Kommunika-
tionsschiene
48%

Produkt nur
modifiziert
19%

Abbildung 3:   Wie Unternehmen mit ihrem Marketing-Mix auf die „Generation X" reagieren (Basis: befragte Unternehmen =
100%)

Erstaunlich, daß jedes dritte Unternehmen hier den denkbar größten
Aufwand betreibt, in dem es speziell für die „Generation X" ein ganz
neues Produkt entwickelt und auf den Markt bringt. Für die Mehrzahl
der Unternehmen steht jedoch die Kommunikation im Vordergrund: sie
haben für ein Produkt, das auch für andere Zielgruppen konzipiert ist,
nur eine spezielle Kommunikationsschiene, eine besondere Kampagne
für die „Generation X" aufgebaut (vgl. Abb. 3).

Da dem Marketinginstrument „Kommunikation" also eine ganz besondere Bedeutung zukommt, wurden die Unternehmen um Auskunft gebeten, auf welche Kommunikationsschienen sie hier vor allem setzen.

Auffallend sind hier vor allem zwei Ergebnisse: erstens sind auf den vorderen fünf Rangplätzen Kommunikationsschienen vertreten, die nicht unbedingt zu den „Klassischen" gehören, aus dem Blickwinkel der befragten Unternehmen sich also für diese schwierige Zielgruppe besonders gut eignen. Zweitens erstaunt der Spitzenplatz des Instruments „PR". Der Hintergrund: viele Instrumente wie Events oder Sponsoring erzielen dadurch erst gute Reichweiten bei der Zielgruppe, daß darüber ausführlich in allen „G X"-relevanten Medien berichtet wird.

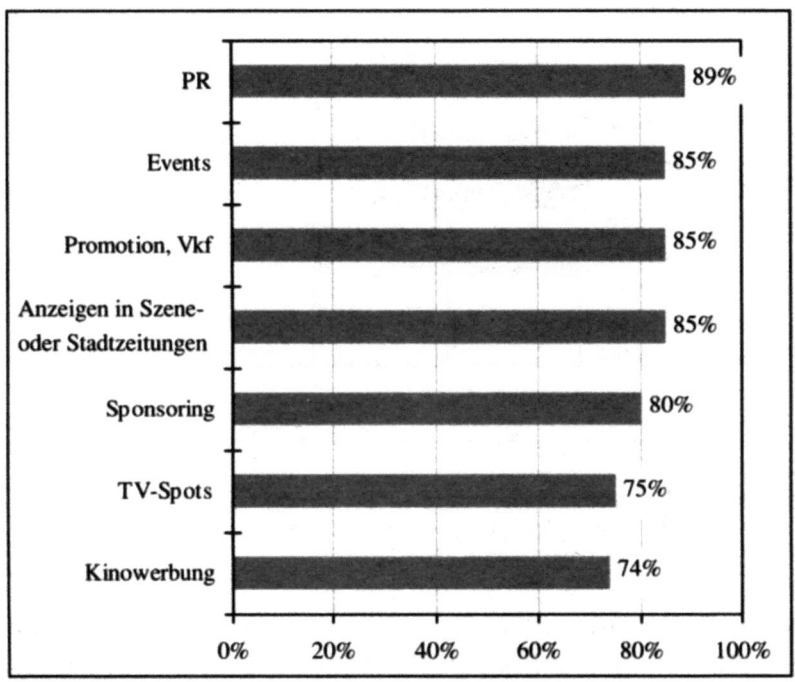

Abbildung 4.1: Kommunikationsschienen, die die befragten Unternehmen zur Ansprache der „G X" für „sehr wichtig" oder „wichtig" halten (Teil 1)

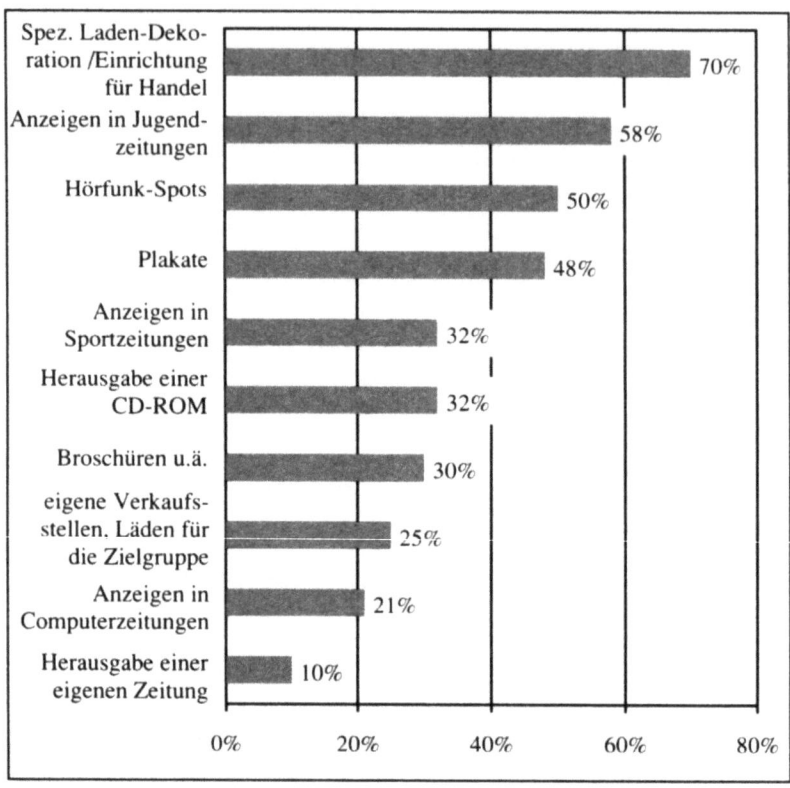

Abbildung 4.2: Kommunikationsschienen, die die befragten Unternehmen zur Ansprache der „G X" für „sehr wichtig" oder „wichtig" halten (Teil 2)

Bei der Erarbeitung des Fragebogens gingen wir bereits von der Hypothese aus – die ja auch durch die Ergebnisse schließlich bestätigt wurde –, daß hinsichtlich der Reaktion der Unternehmen auf die „Generation X" der Kommunikation eine vorrangige Bedeutung zukommt.

Entsprechend wurde weiter gefragt, auf welche Elemente die Unternehmen schließlich bei der Realisierung der einzelnen Kommunikationsmittel setzen, um eine möglichst hohe Akzeptanz und Reichweite bei der Zielgruppe zu erreichen.

Ergebnis: weit an der Spitze rangiert hier „Musik", gefolgt von Elementen wie „etwas Geheimnisvolles, Mystisches" oder „virtuelle Welten", die als Kontrapunkt zur Realität, als „Hilfsmittel" zum Träumen anzusehen sind (vgl. Abb. 5). Übrigens kann man auch der Musik ähnliche Effekte zuordnen. In den meisten Fällen wird jedoch Musik mehr als Code für bestimmte Teile der Zielgruppe (Techno, Hip Hop, House, Pop usw.) benutzt, um so die erhoffte Aufmerksamkeit für die eigentlichen Produktbotschaften bei schwer zugänglichen Szenen und Groups zu gewinnen. Wie beim Einsatz mystischer Elemente gilt es hier, vertraute Bilder aus dem Unterbewußtsein „herauszukitzeln", um so Awareness- und Recall-Werte zu steigern. Besonders diese Elemente bedürfen also eines ausgesprochenen Feingefühls – also auch tiefenpsychologische Kenntnisse über Sehnsüchte und Wünsche dieser vielschichtigen Zielgruppe. Ähnliches gilt auch für die versatzstückartige Gestaltung, also dem scheinbar chaotischen Kombinieren von ganz unterschiedlichen Schrifttypen und -größen, Bild- oder Gestaltungselementen.

Das Kommunikations-Element „Slum und Zerstörung" hat nach Angaben der befragten Unternehmen in der Kommunikation mit der „Generation X" so gut wie keine Bedeutung. Vor einigen Jahren fanden sich allerdings solche Elemente in einigen Kampagnen, vor allem bei Anbietern von Sportkleidung; das Ghetto oder der Kampf gegen Banden machten hier erst den Akteur zu einem wahren „Hero".

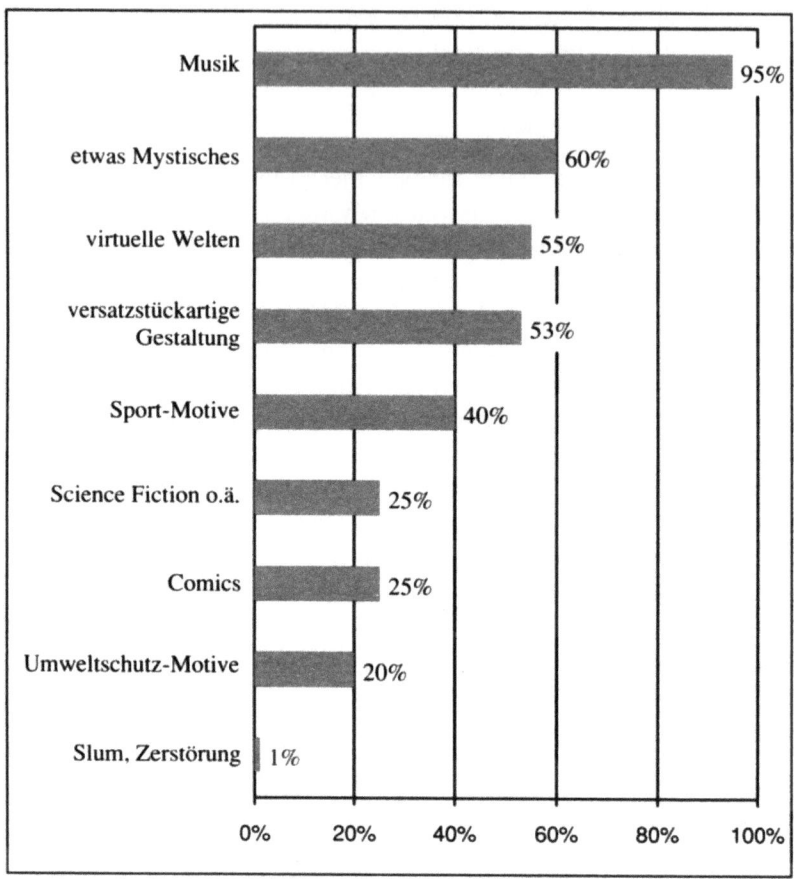

Abbildung 5: Kommunikations-Elemente, die für die Ansprache der „Generation X" „sehr wichtig" oder „wichtig" sind (Basis: befragte Unternehmen = 100 %)

Warum gerade die hier auf den ersten Plätzen genannten Kommunikations-Elemente für eine erfolgreiche Ansprache der „Generation X" so wichtig sind, wird weiter unten erläutert.

Reaktionen der Unternehmen auf die „Generation X" – Beispiele

Reaktionen des Einzelhandels

Für den (stationären) Einzelhandel besteht die Möglichkeit, die „Generation X" durch die Schaffung einer zielgruppenadäquaten Ladenatmosphäre ganz gezielt anzusprechen. Zu berücksichtigen bleibt hier, daß die Multioptionalität der „G X" über den einfachen Gegensatz „Schnäppchen" und „Luxus-Konsum" des vielzitierten „neuen, hybriden Verbrauchers" weit hinausgeht, da sie wesentlich subtiler und vielschichtiger ist. Die ausschließliche Ausrichtung des Angebotes am Mainstream (der Geschmack der breiten Masse) ist dabei genauso riskant wie die Besetzung einer falschen Nische (nur eine bestimmte Szene) oder das Setzen auf einen Trend, der sich als Flop erweist. Die erforderliche Dynamik stellt hohe Anforderungen an Sortiment, Gestaltung der Outlets, Werbung und PR sowie an Kompetenz und Überzeugungskraft des Verkaufspersonals. Die „G X" will sich in ihrer eigenen Welt wiederfinden, ohne dabei Gefahr laufen zu müssen, von der „Erwachsenenwelt" beobachtet oder sogar kopiert zu werden. Die jungen Konsumenten in einer ganz speziellen „Ecke" (z. B. Shop in Shop-Systeme) innerhalb eines breiten Gesamtsortiments für alle Altersgruppen anzusprechen, reicht oft nicht aus. So verlegen sich findige Einzelhändler zunehmend auf die Ausstaffierung einer ganzen Etage, separate Eingänge, besonders gestaltete Schaufenster und zielgruppenspezifische Werbung. Andere Einzelhändler setzten lieber auf die völlige Herauslösung einzelner Units, die unter anderem Namen und neuem selbständigem Konzept wie Satelliten das „Altgeschäft" umkreisen und so bereichern. Für den Handel ergeben sich durch seinen direkten Kundenkontakt besonders gute Möglichkeiten, sein Kommunikationsmix auszuschöpfen und dessen einzelne Elemente miteinander zu vernetzen. Filialisierende Unternehmen sind hier vor allem durch die lokale

Unabhängigkeit eindeutig im Vorteil. Mehr Optionen bei der Medienwahl wegen der größeren Reichweiten potenzieren den gegenüber Herstellern großen Vorteil des direkten und persönlichen Kundenkontaktes .

Ein wichtiges Element ist ganz besonders bei der Ansprache der 16- bis 29jährigen die Philosophie des Erlebnis-Kaufes:

Die moderne Welt, die rationalisierte und kühle Arbeitsatmosphäre, Entfremdung der Städter von der Natur und der Mangel an zwischenmenschlichen Beziehungen verstärken das Streben nach sinnlicher und emotionaler Stimulierung.[105] Der Trend zum erlebnisbetonten Konsumverhalten ist besonders in Wohlstandsgesellschaften gegeben.[106] Erlebniskäufe vermitteln dem Konsumenten einen Beitrag zum Selbstwertgefühl. Gerade auf gesättigten Märkten spielt die emotionale Erlebnisvermittlung eine bedeutende Rolle, da grundlegende Bedürfnisse bereits gestillt sind. Emotionale Konsumerlebnisse, die in der Gefühls- und Erfahrungswelt der Konsumenten verankert sind und den individuellen Lifestyle verkörpern, sollen einen Beitrag zur Lebensqualität der Kunden leisten. Statt „emotionale Schminke" ist eine diesbezügliche stimmige Verankerung von Produkten, Dienstleistungen und Einkaufsstätten notwendig.[107]

Die folgenden Beispiele sollen hier nähere Einblicke vermitteln.

Beispiel C&A

Mit dem Sortiment „Young Collections" zielt C&A auf die „Generation X" ab. Hierbei koppelt das Handelsunternehmen seit vier Jahren seine Produkt-Botschaften an Musiktitel. Nach den ersten Werbespots „Daydream", „Don Quixote" und dem mystischen „Indian Spirits", welcher die Transgression eines „ich bin eigentlich ganz normal, aber in mir steckt noch etwas ganz anderes" durch eine Art Traumwelt in Szene setzte, wollte man sich danach wieder der Rea-

lität nähern. Es folgte zunächst der Werbeauftritt „Power" als Über-
leitung zu der dann folgenden Kampagne „True Stories".

Auf der Suche nach einem, den multioptionalen und paradoxen Jugendlichen in seiner ganzen Vielschichtigkeit ansprechenden Kom-
munikationsinhalt entschied man sich 1994 statt für Profil- für Ma-
gie-Techniken in Form des Indianer-Mythos. „Indian Spirits" wurde
ins Leben gerufen, die Abteilung „Young Collections" in einigen
ausgewählten Häusern (z. B. in Frankfurt) in das Tiefparterre verlegt
und der Innenraum der Abteilung umgestaltet. Das neue Erscheinungsbild erforderte eine dunkle, erdige Farbgestaltung, viel
Schwarz, Rot, Brauntöne, aber auch Metallic (statt der früheren hel-
len und freundlichen Farbtöne) (vgl. Anhang, Abbildung D 1). Die
mystische, erotisierende Anmutung wurde durch einen extremen
Materialmix (Holz und Chrom, Sackleinen für die Kabinenvorhänge,
Wolle, Leinentücher und Stahl) sowie dramatisierende Lichteffekte
noch verstärkt, ergänzt durch Zeichen und geheimnisvolle Symbole.
Schon die Inszenierung dieser fremdartigen Welt im Tiefparterre, also separat und fernab vom gewöhnlichen Massenkonsum, lockte
zahlreiche Besucher aus der schwer zu begeisternden Klientel an und
verhalf C&A zu einem gewaltigen Image-Push. C&A wurde eine der
beliebtesten Einkaufsstätten unter den 14- bis 29jährigen.[108] Das
Konzept, sich vom reinen Werbespot mehr in Richtung Musikvideo
zu bewegen, basierte auch auf den großen Reichweiten der Musiksender MTV und VIVA bei Teens und Twens. Auch heute noch ko-
operiert C&A wie damals mit diesen Sendern. An dem Sortiment
wurde keine wesentliche Änderung vorgenommen. Der Image-
Transfer auf die Produkte (Hausmarken) sollte sich hauptsächlich
durch die gelungenen Werbeauftritte in TV, Hörfunk und im Laden
selbst einstellen. Mit der Werbelinie „True Stories" wollte das Unternehmen Anfang 1996 „die Zukunft definieren und in realitätsnahe
Geschichten von jungen Leuten umsetzen".[109] C&A wollte mit „Car-
pe diem" und „Go for what you like" seinen Kunden signalisieren,
daß es ihre Wünsche und Sehnsüchte kennt. Die gemeinsame Bot-
schaft aller sechs Stories war: es ist lohnenswert, viel Kraft, Mühe
und Zeit in die Verwirklichung von Ideen und Zielen zu investieren.

Zugunsten der aufwendig produzierten 60-Sekünder (Drehort: New York), die schwerpunktmäßig auf MTV und VIVA liefen, wurde auf Spots für die Sportlinie „Rodeo" und die Kinder-Kleidung „Kids World" ganz verzichtet. Als Synthese für die einzelnen Erzählungen wurden zwei dreiminütige Kinofilme vor allem in Multiplexkinos gezeigt. Begleitende Anzeigen wurden in diversen Publikumszeitschriften geschaltet (vgl. Anhang, Abbildung D 2). Zusätzlich wurden verschiedene Instore- und Store-Window-Promotions konzipiert. Zu den Filmmusiken der Spots ist im März '96 eine CD erschienen. Im Zuge der Realisierung der Projekte wurde das Werbe-Budget (1995 um ca. 10 Prozent gekürzt auf 184 Millionen Mark) wieder auf Vorjahresniveau aufgestockt. Im Frankfurter C&A erfolgte die Umsetzung des neuen Werbeauftritts in einer besonders „coolen" Dekoration, die durch Leuchtdisplays, Symbole, New York-Skyline, dominierende Trendfarben (signalgrün und orange), 16 Monitore mit VIVA nonstop sowie szenige Schaufensterpuppen zu einer technokulturellen Anmutung verhalf (vgl. Anhang, Abbildung D 3 bis D 5). Das Pilotprojekt eines Erlebniskaufhauses in Frankfurt (Konstabler Wache) integrierte die neu gestaltete „Young Collections"-Abteilung derart, daß andere Abteilungen Synergieeffekte nutzen konnten. So wurden z. B. die Kleidergrößen 158 bis 182 für die 11- bis 14jährigen ebenfalls ins Tiefparterre neben die „Young Collections" (Kunden von 15- bis 24 Jahre) verlegt. Eine neue Innenausstattung und ein neues Verkaufskonzept sollten auch neue Kundenkreise gewinnen. Die Kooperationen mit McDonalds (hat für ca. 1,5 Mio DM ein Express-Restaurant auf 80 Quadratmetern eingerichtet), mit der Friseurkette Klier (ein Laden für ca. 150 000 DM neben dem Fast-food-Restaurant im Warenhaus) sowie mit der Forum-AG (bot auf ca. 600 Quadratmetern im Tiefparterre Bücher und CDs an) sollten die Erlebnisbereiche des Kaufhauses erweitern. Hinzu kamen noch neue Regalsysteme (2,20 m), die durch komplementäre Produktpräsentationen Verbundeffekte bieten. Ein aufwendiger Event mit trommelnden Samurai an der Konstabler Wache läutete die Eröffnung des neuartigen Stores ein, unterstützt von Gauklern, Clowns und Phantasiegestalten des Traumtheaters Salomé.[110] [111] Zu den erlebnisstrategischen Maßnahmen zählten bei C&A außerdem auch Sponsoring (zusammen mit Sony, Frisör Klier und McDonald's) von Live-Veranstaltungen und Wettbewerbe für junge Amateurbands. Nach der sehr erfolgreichen „Indian-Spirits"-Kampagne wurde die „True Stories"-Kampagne nur mit mäßiger Begeisterung bei der Zielgruppe aufgenommen. Das neue Konzept für die Jugendlichen stellt daher wieder mehr auf das Produkt und den günstigen Preis ab. Die „Young Collections" soll ab dem Frühjahr 1998 nicht mehr als Einheit beworben werden. Alle unter dem Dach der „Young Collections" integrierten Marken, wie z. B. Clockhouse, Jinglers oder Rodeo werden aus ihrem bisherigem Verbund gelöst und zukünftig einzeln beworben. Neben einer geplanten hochwertigen, produktbetonten Ladengestaltung sollen zukünftig Internet-Terminals die Erlebnisebene bereichern. Ob diese Konzeption allerdings den Nerv der „Generation X" besser trifft als vorher, bleibt fraglich.

Beispiel Karstadt

Karstadt profiliert sich über verstärkte Spezialisierung einzelner Häuser. Seit April 1996 testet Karstadt im ehemaligen Hertie-Haus am Stuttgarter Hauptbahnhof in einem Pilotprojekt einen neuartigen Warenhaustyp. Sport-, Fitness- und Wellnessangebote, Streetware, diverse Trendartikel (alles, was gerade „in" ist) und einen Internet Shop findet der junge und junggebliebene Kunde hier (vgl. Anhang, Abbildung E 1). Neben den vielen Online-Diensten, die man im Internet-Shop an diversen Terminals beanspruchen kann, zählen auch geplante Live-Auftritte von Künstlern im zusammen mit Sat. 1 entwikkelten Medienstore zu den besonderen Attraktivitäten dieses Warenhaustyps. Die auf 4000 Quadratmetern angebotenen Sportartikel und -bekleidung mit eigenen Shop-in-Shop-Systemen von Adidas und Nike sowie gesondert im Tiefparterre (Trendstore) angebotene Trendsport-Utensilien lassen einen leichten Schwerpunkt in Richtung „Fit for Fun" oder auch einfach nur hinsichtlich eines betonteren Körperbewußtsein der schwierigen jungen Klientel, als gemeinsamen Nenner für die Bearbeitung dieses Marktsegmentes, vermuten. Das große Service-Angebot reicht von einem Mode-Friseur über ein gut geschultes, trendversiertes Verkaufspersonal bis hin zum Service-Center mit Sportwerkstatt. Bei Bewährung des Projektes sollen weitere Standorte folgen. [112] [113]

Im neuesten Projekt der Karstadt AG in Gießen, der „Unity P" (vgl. Anhang, Abbildung E 2) hat man sich gänzlich von dem großen Warenhaus abgekoppelt, um die Jüngeren der „Generation X" noch gezielter in einem ausgefallenen Szeneladen ansprechen zu können (Kernzielgruppe: die 13- bis 20jährigen).

Konsequenterweise folgte der Einstufung der relevanten Zielgruppe, bei der man nach Trendsettern und Trendsurfern unterschied, eine Befragung der Zielgruppe zu vielen wichtigen Entscheidungskriterien, wie z. B. über die Ansprüche an einen Szeneladen, monatliche, durchschnittliche Kaufkraft oder die beliebteste Einkaufszeit. Danach wurden für die Entwicklung des eigenen Stores zwei Schwerpunkte herausgestellt: die zielgruppenorientierte Gestaltung des Verkaufsraumes und der Einsatz szenenaher Mitarbeiter. Bei der Gestaltung des Ladens entschied man sich für einen bunten Mix alter und neuer Codes. Sogar traditionelle Accessoires, wie die gute alte Frisierkommode oder ein Hirschgeweih zwischen den Umkleidekabinen, fehlen nicht (vgl. Anhang, Abbildung E 3). Ein Graffiti aus den Neunzigern an der Wand stört sich dabei auch nicht im geringsten an der Disco-Kugel an der Decke aus den Siebzigern (vgl. Anhang, Abbildung E 4 und E 5). Die Sortimentsschwerpunkte wurden nach den abgefragten Präferenzen der Zielgruppe erstellt, die bei der überwiegenden Mehrheit der Befragten auf Schuhen und Bekleidung lagen (vgl. Anhang, Abbildung E 6), ergänzt durch coole „Highlights" wie z. B. Vinyl (Schallplatten). Die Station zum „Abmixen" steht gleich nebendran und die nette Sitzecke, zum Entspannen auch. Der Einkauf wird zu 100 Prozent eigenständig durchgeführt. Die Zielgruppenanalyse wurde zusätzlich qualitativ angereichert durch Trendscouts (Berlin), Szene- und Diskobesuche, Medienbeobachtung und eine Analyse der Mitbewerber. Den Marktauftritt begleiteten dann Werbemaßnahmen im Printbereich (Schülerzeitung, Stadtmagazin, eigene und ge-

sponserte Flyer) sowie Kinowerbung und Events (Houseparty zur Eröffnung, HIP HOP JAM, Jungle Party, Graffity Inline JAM, ein DJ
im Store u. a.). Der Store konnte sich bereits in der Szene mit einem
hohen Stammkundenanteil etablieren, Zielgruppe und Breakeven-
Point wurden erreicht (nach eigenen Angaben). Das Ziel ist mit
10 000 DM Umsatz pro qm jedenfalls sehr ehrgeizig. Aufgrund des
bisherigen Testerfolges sollen zwei weitere Projekte dieser Art folgen: „Planet Yellow" in Leipzig und „Cafe Wien" in Recklinghausen.

Vergleicht man das C&A-Beispiel mit dem „Unity P"-Beispiel von
Karstadt, wird wieder einmal mehr als deutlich, daß die teuerste
Werbe-Kampagne nicht immer und schon gar nicht bei der Ansprache der Generation X die erfolgreichste Lösung sein muß. Ein Flyer
und die Vernetzung vieler kleiner passender Maßnahmen, welche der
Zielgruppe ins Herz treffen, können hier nützlicher sein als preisge-
krönte TV-Spots, die an der Zielgruppe vielleicht vorbeirauschen
oder – weil nicht zu Produkten oder Ladenumfeld passend – un-
glaubwürdig wirken. Ein anderer wichtiger Punkt im Vergleich der
Ansätze von C&A und Karstadt ist natürlich das geringere Risiko
(und der damit gewonnene Spielraum) einer ausgegliederten Unit im
Vergleich zu einer integrierten Abteilung. Bei letzterer können ein
bestimmtes Erbe oder ein Imageverlust des Gesamtunternehmens genauso wenig von der Parzelle im Inneren eines trägen Goliaths fern-
gehalten werden wie außergewöhnliche Erfolge. Die „Ansteckungs-
gefahr" ist bei der integrierten Lösung einfach viel größer. Um hier
eventuelle Image-Impulse von der kleinen Einheit auf die große Gesamtheit erzielen zu können, ist auch ein stimmiges Gesamtkonzept
erforderlich, das gepflegt, d. h. immer wieder auf Stimmigkeit überprüft werden muß, was nicht immer sehr einfach ist.

Reaktionen produzierender Unternehmen

Beispiel Trendgetränke der Karlsberg Brauerei

Die Karlsberg Brauerei ist eine der innovativsten deutschen Brauereien, wenn es um neue Produkte geht. So konnten die marketingversierten Bierbrauer durch einen verjüngten Markenauftritt für „Karlsberg Urpils" („... Man(n) steht drauf ...") nicht nur ihren Bierabsatz steigern, sondern auch in den letzten zwei Jahren zehn neue Produkte im Markt für Bier, alkoholische und nichtalkoholische Mixgetränke einführen. Im Jahr 1997 belief sich die Absatzmenge hier auf 200 000 Hektoliter. Über die Vertriebsschiene: KB Trendgetränke GmbH werden hier fleißig auch sehr trendige Newcomer in die Kehlen der 16- bis 29jährigen gepumpt. Auf ein organisiertes Trendscouting setzt man beim Aufspüren neuer liquider Durstlöscher und Schlürfextrakte allerdings nicht, sondern eher auf die Findigkeit und Erfahrung aus den eigenen Reihen. So konnten sich das Bier-Cola-Mixgetränk „Mixery" seit seiner Einführung vor zwei Jahren sowie das einst „adoptierte" „Desperados", einem Bier mit Tequila- Aroma, fest im Markt etablieren (vgl. Anhang, Abbildung F 1). Das Flair von Tequila und der kultige Auftritt von „Desperados" lassen da schon mal die „Bohnen in der Pfanne" verrückt werden – und „Mixery" verlängert ja bekanntlich sowieso den Erfolg (vgl. Anhang, Abbildung F 2)! Auch für die neueren Babies der Karlsberg Brauerei „Ballermann 6"– das Bier zum Film und – vielleicht mehr „für die Mädels" – die drei neuen Longdrink-Varianten (vgl. Anhang, Abbildung F 3 und F 4) stehen die Sterne günstig. Zu verdanken haben die neuen Produkte ihren Erfolg auch einem sehr zielgruppenspezifischen Werbekonzept, bei dem TV eher eine untergeordnete Rolle spielt. Statt auf Massenmedien setzt man hier lieber auf die bei der Zielgruppe so beliebten Stadt- und Szenemagazine, wobei sich der Mediaplan seit neuestem nicht mehr nur auf Stadtmagazine aus dem Saargebiet beschränkt. Die Raveline schwelgt ständig von neuen lekkeren Attaken der Brauerei. Vor allem die diversen Starkbiersorten

(z. B. das „8,8") oder ein Biergelee lassen die Raverherzen scheinbar höher schlagen. Hier zeigt sich die große Bedeutung von Pressearbeit mit dem richtigen Verteiler in der Tasche. Was die Presse nicht mehr leisten kann, holen die Kinospots, Events und zahlreichen Verkaufs- förderungsaktivitäten zusätzlich an Kontakten und Image herein. Die Karlsberg Brauerei ist ein sponsoringfreudiges Haus. Daher ist es Eh- rensache, mit Trendgetränken auch die eine oder andere Rave- Veranstaltung zu sponsern. Also ist die Vernetzung von vielen klei- nen Maßnahmen für die 16- bis 29jährigen eine nützliche Sache, aber auch hier sollte man vor Optimierungsbemühungen nicht zurück- schrecken. Viel hilft nicht immer viel und kann gerade bei der werbe- und eventübersättigten „Generation X" eher ins Auge gehen, statt ins Herz. Nicht zu vergessen: die bei der Zielgruppe so beliebten Veran- staltungsflyer haben mitunter Größen kleiner als DIN A 6. Wie heißt es beim „Smart" so schön: „Reduce to the max!"

Beispiel „Wadadli" – das Bier aus dem Meer

An dieser Stelle noch ein kleiner Beitrag zum Thema: „Ungewöhnli- ches vom Biermarkt".

Daß gerade in den letzten Jahren immer mehr ausländische Bier- marken auf den deutschen Markt gekommen sind, ist keine Neuigkeit (Corona-Bier z. B.), aber ein Bier aus entsalztem Meerwasser, von der Karibikinsel Antigua, das über das Internet daherkommt?! Ähn- lich wie Corona-Bier wird auch hier die junge Clubszene (Raver, Skater, Windsurfer u. ä.) angesprochen. Das Internet ist ein idealer Ort für Distanz zur Erwachsenenwelt, und darauf kommt es hier an. Außerdem soll der Techno-Style des Auftritts mit jeder Menge Spaß aufgeladen werden und – es geht schließlich nicht um Bier, sondern um Mystik! Nur bei einem Preis von schätzungsweise 7 Mark für die 0,25 Liter-Dose muß wohl der Anbieter in der Clubszene schon noch ein bißchen zulegen, z. B. mit passenden Events oder anderen Nicht- Massenmedien-bezogenen Kommunikationsaktivitäten. Auf jeden Fall hat „Wadadli" einen interessanten Auftritt.

Beispiel Bluna

Anfang 1994 hatte die Mineralbrunnen Überkingen-Teinach AG die Markenrechte des Limonaden-Klassikers Bluna (u. a.) für Deutschland erworben. Die traditionsreiche Limonade, die sich seit den 30ern bis in die „wilden 60er" großer Beliebtheit und Markenanteile erfreute, in den 80ern aufgrund US-amerikanischer Konkurrenz fast am Boden lag, sollte mit Hilfe eines hochwertigen Brunnenwassers und einer ironischen, zeitgemäßen Werbung (hohe Recall-Werte) erfolgreich wiederbelebt werden. Die Kernzielgruppe sind für den neuen Bluna-Auftritt die trendorientierten 14- bis 19jährigen. Ein auffälliger Werbeauftritt (vgl. Anhang, Abbildung G 1 bis G 3) witzige Funkspots (Nonsense-Dialoge wie: „Sie sind mir ja einer!" – „Sie sind mir aber auch einer!" – „Gut, dann hätten wir das ja geklärt." mit dem gemeinsamen Chorus: „Eins, zwei: Sind wir nicht alle ein bißchen Bluna?") und neuartige TV-Spots (teilweise surrealistische Gestaltung und prägnante Farben – (vgl. Anhang, Abbildung G 4 bis G 5) – sollen den Kultstatus von Bluna unterstreichen und durch die Aufladung mit trendigen „New-Elementen" den Mythos „Bluna" in die Postmoderne transferieren. Zahlreiche Sponsoring-Maßnahmen (Events) sollen die Marke beleben und zu einem hohen Bekanntheitsgrad beitragen. Der Fokus liegt hier vor allem auf dem Fun-Sportbereich, wie z. B. Inline-Skating, Vertibiking[114] oder Indoor Climbing (vgl. Anhang, Abbildung G 6 und G 7). Auch Graffiti-Wettbewerbe dienen als Aktionsfläche für das neue lebendige Bluna-Marketing (vgl. Anhang, Abbildung G 8), so daß Bluna – durch viele zielgruppenadäquate, miteinander vernetzte Aktivitäten – 1997 mit 93 Prozent Markenbekanntheit (so die Angaben des Herstellers) von den unter 20jährigen zur beliebtesten Brunnenlimonade gekürt werden konnte.

Beispiel Nike

Nike galt besonders in den letzten Jahren als Paradebeispiel für Mythos-Kommunikation. In den bisherigen Kampagnen von Nike konnten die Kunden auf einer Bildoberfläche von Symbolen und bedeutungstarken Codes surfen und ihre subjektiven Erlebniswelten in die Kampagnen mit einfließen lassen (vgl. Anhang, Abbildung H 1 bis H 3). Der Starkult amerikanischer Sportprofis, die sich von ganz unten an die Spitze gekämpft hatten, für die sportliche Höchstleistung Lebenselexier war und ist (zum Beispiel Michael Jordon, vgl. Anhang, Abbildung H 4) sowie das darauf basierende „Winner-Motiv", aber auch der sportliche Teamgedanke sollten so mit dem eigenen Erlebnispotential verschmelzen. Die Identifikation mit den großen Heroes bietet den Nike-Fans Lebensorientierung und verhilft der Marke zu einem zeitlosen Image. Häufig ließ man die Heroes in den Anzeigen (vgl. Anhang, Abbildung H 5) oder Spots („... Ich sehe Zuschauerplätze, wo heute VIP-Logen sind, ... und dann sehe ich, was uns wirklich wichtig ist ...") zu den eigenen Idealen Stellung beziehen. Bei anderen Helden konnte man in Gedanken beim Kampf mitfiebern (vgl. Anhang, Abbildung H 6). Nike-Anzeigen beinhalten immer ein hohes Potenial an Involvement und treffen mitten ins Herz von Sportbegeisterten jungen Leuten. Die diversen Sponsoring-Aktivitäten von Sportveranstaltungen verstärken vor diesem Kontext ein lebendiges Erlebnis-Profil der Marke. Gelungene Events sind in der Lage, eine zeitlich begrenzte Verschmelzung von Traumwelt und Realität herbeizuführen. Die Legende erhält so ständig neue Impulse (z. B. wie beim Nike-Court in Berlin). Auch die Forderung nach mehr Ehrlichkeit und Glaubwürdigkeit in der Kommunikation wurde immer mal wieder auf den Punkt gebracht ("... Freunde lügen, Feinde lügen, Stoppuhren lügen nicht ..."). Der Spot und Kino-Kurzfilm in Deutschland zum Fußballhappening "Euro '96" thematisierte die Gewalt auf dem Fußballfeld: pöbelnde Rassisten und randalierende Hooligans. Mit Sujets aus Satans Bilderbuch wurde der Kampf „The Good – The Bad – and The Ugly" von mutigen Fußballprofis als Nike-Mannschaft ausgetragen und inmitten brennender Torlinien und fliegender Fleischfetzen zugunsten Nike und zugunsten eines „Fair Plays" entschieden. Der Fußball-Mythos war gerettet, der Nike-Mythos war perfekt.[115]

Auf der Suche nach ständigen Verbesserungen auch bei der Kundenansprache entdeckte man, daß sich die Fans und ihr Potential durch den evozierten Erwartungsdruck der Heroe-Kommunikation („... Du mußt einfach schwarz sein, wahnsinnig viel Muskeln haben und den Ball immer treffen") allmählich überfordert fühlten und sich teilweise abwandten. Die neueste Kampagne stellt es daher auch genau auf diese Problematik ab und stellt richtig, daß es auf diese ganzen Dinge gar nicht ankommt, sondern viel mehr auf das Mitmachen, auf das Dabeisein: „Come enjoy all the court you can eat", „To forget your height", „You are cordially invited". Die verstärkten Sponsoraktivitäten besonders bei kleineren und unbekannten Sportclubs (gerade auch in den neuen Bundesländern, wo der Bedarf an Zuwendung groß ist) sollen die Ernsthaftigkeit von Nike betonen, eben nicht nur für die Großen der Großen da zu sein, sondern auch für den kleinen Basketball-Begeisterten von nebenan.

Die häufig wechselnden kommunizierten, anspruchsvollen Inhalte (Mythos, Glaubwürdigkeit und deren fast ausnahmslos hochwertige und konsequente Umsetzung durch Mystik, Virtual Reality, Versatzstücke und Heros) machten Nike nicht nur zum Trendsetter für viele andere Unternehmen, sondern auch zu einem sehr beliebten Markenzeichen für die 16- bis 29jährigen, mit Bestwerten im Vergleich zu anderen führenden Marken. Dies bestätigt auch unsere eigene Umfrage. Nike ist keine Frage des Geschmacks, sondern eine Frage des Glaubens, denn Nike-Produkte haben mittlerweile Fetischcharakter und definieren Zugehörigkeit („Totem") zum Clan.

Beispiel Mustang

Mustang, das Künzelsauer Unternehmen, verfolgte Mitte der 90er Jahre neben Kooperationsstrategien mit den Handelspartnern auch eine Umgehungsstrategie bezüglich des Absatzmittlers Handel durch die Eröffnung eines eigenen Ladens in Köln (Pilotprojekt). Ursache war einerseits das mangelnde Vertrauen in die Kompetenz des nicht markengebundenen Einzelhandels. Andererseits erhoffte man sich so eine glaubwürdigere Umsetzung des Kommunikationskonzeptes bis zum Endverbraucher am PoS. Vermutlich hat aber der eigenständige Vertriebsweg nicht das gewünschte Ergebnis erzielt, da der JAM-Store in Köln Ende '97 geschlossen wurde. Das 1994 initierte strategische Kommmunikationskonzept „JAM" (Jeans und Musik) verbindet die beiden Jugendkulturkomponenten Mode und Musik und nutzt synergetische Potentiale. Mustang möchte sich als eine Art „Kulturförderer" gegenüber gängigen Sponsorengebaren in der internationalen Musikbranche profilieren und nutzt „JAM" gleichzeitig als Werbe- und Sympathieträger.[116] Ziel des JAM-Konzeptes ist die langfristige Verbindung und Beziehungspflege zwischen Kommunikation, Kulturförderung und klassischer Werbung. Das Konzept umfaßte: das Printmagazin JAM (erschien vierteljährlich in Deutsch und in Englisch; die deutsche Auflage umfaßte ca. 350 000 Exemplare, das Magazin läuft zur Zeit ohne Nachfolge aus), die Live-Mustang-Roadshow (zweimal jährlich tourte die Mustang-Roadshow für drei bis vier Wochen durch Deutschland, die Schweiz und Österreich als Gegenpol zum weitverbreiteten „Sponsorship-Overkill" in der Superstarszene durch Schaffung von Auftrittsmöglichkeiten für Amateurbands), Groß-Events (das immer noch aktuelle Festival „Rock am Ring" gemeinsam mit MTV), JAM-TV bei VIVA (von Juli '94 an weiterhin eine Stunde pro Woche die Musiksendung „JAM" als sonntäglicher Programmschwerpunkt bei VIVA, hauptsächlich Musikspots, erfolgreichste Sendung auf VIVA, erstmalige Umsetzung von Jugendkulturförderung dieser Art durch ein deutsches Markenartikelunternehmen), Tonträger-Jamtrax, (Songs aus dem JAM-Magazin, wurden ebenfalls wieder abgesetzt, eine Radio-Show (seit Juli '95 bundesweit auf zwölf Sendern), Neue Medien – CD-ROM/ONLINE (seit '95 im Internet, vierteljährlich erschien „JAM" auf CD-ROM als multimediale Ergänzung zum Printmagazin). Die CD-ROM wurde durch eine Seite im Internet ersetzt, die zur Zeit neu konzipiert wird. Das Medium Kino wurde zusätzlich begleitend eingesetzt.

Der Jeans- und Bekleidungshersteller Mustang setzt bei der Kommunikation für die schwierige junge Zielgruppe der „Generation X" innerhalb seines strategischen Gesamtkonzeptes auf die Vernetzung vieler Kommunikations-Maßnahmen und -Instrumente, wobei auch hier der Musik als Kommunikationsmittler über alle Facetten der Zielgruppe hinweg besondere Bedeutung beigemessen wird. Der neueste TV-Spot bezieht das Medium Fernsehen auch in den Kommunikationsmix mit ein. Inhaltlich geht es beim neuen Spot vor allem um „das Pferd", dem traditionellen Markenzeichen von Mustang sowie die damit verbundenen Assoziationen von Freiheit und Unabhängigkeit. Ein Indianer, der in dem Spot auftaucht, soll diesen Mythos verstärken. Also noch ein Indianer mehr! Dabei muß man sagen, daß der Indianer bei Mustang in Bezug auf den Markennamen und das Markenzeichen einen etwas größeren Sinn macht als z. B. bei einem Schokoriegel, von dem man „das Papier auch schon auf einem anderen Planeten gefunden hat ...". Die Verbindung „Indianer – Mustang" leuchtet ein und besitzt sogar ein Potential für eine glaubwürdige Mythos-Kommunikation. Trotzdem: bei „zuviel Indianer" in der Werbelandschaft droht die Gefahr der Image-schädigenden Übersättigung, auch wenn man diese Idee schon lange in der Schublade hatte. Leider kennt die Generation X, die schon mit allen Überredungskunstwässerchen gewaschen ist, keine Gnade, wenn man bei einer guten Sache nicht wirklich auch der Erste war.

Neben den TV-Spots sollen auch weiterhin Videos im Kino und zukünftig auch Großplakate geschaltet werden.

Beispiel „Homeboy" der Overlook GmbH

Sie sind klein genug im Kampf gegen die Großen und groß genug im Kampf mit den Kleinen, ließ die Zeitschrift „Sportswear International" Ende '97 über das Unternehmen verlauten.[117] Angefangen hatte alles mit dem Label „Homeboy" in der Skateboarder-Szene und einem Gerücht, daß die Marke von einer Firma aus New York stamme. Der Hintergrund: Für einen guten Start in der Szene war angeblich ein amerikanisches Flair unerläßlich. Mittlerweile ist der „Spezialist für kalifornischen Lifestyle"[118] bekannt für die große Bandbreite seiner Marke „Homeboy", von eleganten Streetwear-Anzügen bis hin zu Snowboard-Stiefeln. Overlook vertreibt Szenebekleidung, Accessoires (z. B. Schmuck, Sonnenbrillen, Uhren, Bags und Caps) sowie duftende Hygieneartikel für Raver und Techno-Freaks, die Lust auf Uniformierung und Hipness haben. Angesprochen werden die coolen Typen der 90er zwischen 12 und 30 Jahren (Kern: 18 bis 22 Jahre), die Interesse an Funsport, Musik, Mode und Lifestyle haben.

Starke Lizenpartner wie z. B. Junghans, Joop oder Davidoff sorgen für Aufwind bei den Produkten. Labels wie „Loud Couture", „ECU" (East Coast Utilities), „Def Crew", „Sistaz Wear" oder „Extreme Devision" (alles Kollektion Herbst/Winter 98/99)[119] sind Zeichen für die starke Differenzierung des kleinen Unternehmens innerhalb der Szene (vgl. Anhang, Abbildung I 1 bis I 2). Sponsoring und Events sind auch für Overlook ganz wichtig. Dabei setzte man von Anfang an auf die guten Kontakte zur Musik- und Sportszene. Heutige Opinionleader wie z. B. Black Attack, Caught in the Act, Die Fantastischen Vier, DJ Mark Spoon, Tic Tac Toe, 'N Sync oder Sabrina Setlur trugen Homeboy schon, bevor sie große Plattenverträge hatten. Auch Product Placement spielt für Overlook eine bedeutende Rolle. Die VIVA- und MTV- Moderatoren tragen die Overlook-Labels. Beliebte Serien wie „Gute Zeichen – Schlechte Zeiten" (RTL), „Marienhof" (ARD) oder Sendungen wie „„The Dome" (RTL 2) werden von Overlook genauso gesponsert wie vielversprechende Newcomer bei den Action- und Funsportarten wie Wakeboarding, Snow- oder Skateboarding, BMX oder Inline. Die vielen Opinionleader haben zu einem hohen Bekanntheitsgrad und zur enormen Akzeptanz und Glaubwürdigkeit bei der Klientel geführt. Selbst ein geplantes Projekt mit VW kann so dem Kultcharakter der Marke angeblich nicht viel anhaben. Die Preise für die begehrten Klamotten liegen dabei absichtlich nicht auf „schwedischem Niveau". Einige Händler scheinen sich mit der zunehmenden Markenbekanntheit allerdings nicht mehr identifizieren zu wollen. Im „Untergrund", aber auch ganz offen – so z. B. durch den Frontline-Versand – verteilt man kräftige Seitenhiebe gegen den „Abtrünnigen" und versucht, Homeboy in Richtung Meanstream zu schieben. Nichtsdestotrotz sind die PoS-Aktivitäten und das gute Verhältnis zu den Händlern für Overlook oberste Priorität. „Wir sind eine deutsche Firma und leisten einen deutschen Service. Deshalb kennen wir keine Probleme bei Lieferung oder Kundenservice", verkündete 1996 der stolze Häuptling von Overlook. Nicht nur die besondere Werbunterstützung (Poster, Stand Alones, Lifestyle-Banner, CD's für den PoS, extra angefertigtes Musikvideo oder Kinospots), sondern auch die massive Unterstützung durch Events am PoS bei Neueröffnungen oder Produktneueinführungen (Autogrammstunden mit Bands, Sportevents etc.) lassen die Händler von den zahlreichen Szenekontakten des Unternehmens profitieren, denn sie selbst fühlen sich häufig etwas hilflos bei der Ansprache der „Generation X". Overlook will Problemlöser für alle seine Kunden sein. Heute setzt das Unternehmen 85 Millionen DM in 28 Ländern um.

Kommunikation für die „Generation X" – Klammer-Elemente und Hintergründe

Die multioptionale und widersprüchliche „Generation X" kann nicht in ihrer Heterogenität (sowohl als Gruppe als auch als Individuum) eindimensional erreicht werden. Daher suchen die Unternehmen in der Kommunikation nach Klammer-Elementen, von denen sich möglichst viele der „G Xer" – trotz des Trennenden – angesprochen fühlen:

Musik

Die in Hörfunk- und Fernsehwerbung eingesetzte Musik soll u. a. die Aufmerksamkeit auf die im Werbespot kommunizierten produktspezifischen Inhalte steigern, die Aufnahme und Verarbeitung sprachlicher und visueller Reize erleichtern. Die durch bestimmte Titel evozierten „inneren Bilder" (Erinnerungen) wecken bei den Rezipienten ganz unterschiedliche Lebensgefühle, die in Wechselbeziehung zu den Werbebotschaften der Spots stehen. Wenn also Musik in diesem Kontext starke Emotionen auslöst, kann so eine „emotionale Produktdifferenzierung" erzielt werden, die sich als echter Profit für die Marke auswirken kann.[120] Die Notwendigkeit einer psychologischen Markenpolitik, die im Wesentlichen auf eine emotionale Produktdifferenzierung mittels Werbung hinausläuft, kann man z. B. auf das Phänomen gesättigter Märkte in der fortgeschrittenen Industrie- und Wohlstandsgesellschaft zurückführen.[121] Die angebotenen, ausgereiften Güter weisen nur noch geringe Qualitätsunterschiede auf (Me-too-Produkte). Das wahrnehmbare Kaufrisiko ist hier für die Konsumenten relativ gering. Die fehlende Problematisierung für diese Güter bedingt eine geringere Anteilnahme – ein geringeres „Involvement" bei ihren Käufern.[122] Dieses wiederum führt zu einem geringen Produkt- und Informationsinteresse bei diesen Konsumenten, in dessen Folge „rein informative Werbung versagt". Ein zusätzlicher emotionaler Impact, z. B. durch den werblichen Einsatz von Musik, gewinnt auf Märkten der klassischen Me-too-Produkte allgemein an Bedeutung, da die mit dem Produktkontakt (Kauf und Konsum) verbundenen Markenerlebnisse für die Konsumenten oft wichtiger sind als die funktional-sachliche Qualität.[123]

Ein anderer Aspekt, der die Bedeutung von Musik in der Werbung betont, liegt im Bereich der Beeinflussung von Stimmungen der Rezipienten. So kann der Erfolg einer werblichen Kommunikation im wesentlichen von der eingesetzten Musik, als besonders stimmungsauslösender Reiz, abhängen. Der vielzitierte „Werbeoverkill" erfordert ein geschicktes Instrumentarium der Werbepraxis, um mögliche Vorurteile gegen Werbemittelkontakte jeglicher Art bei den Konsumenten zu eliminieren und durch positive Stimmungen zu ersetzen. Die bessere Beeinflußbarkeit von einer positiv gestimmten Klientel ist erwiesen.[124] Der neue, auch kritischere Konsument – und hier besonders die schwer zugängliche, und informationsübersättigte Jugend – erfordert diesbezüglich eine gesteigerte Beachtung. Für die Sicherung der Eindeutigkeit eines Kommunikationskonzeptes ist allerdings ein glaubwürdiger Produktzusammenhang bezüglich des gewählten Musiktitels wichtige Voraussetzung. Gleiches gilt auch für die Erzielung eines Benefits für das Produkt durch verstärkte Emotionalisierung. Die häufige Schaltung der Spots trägt zu einem verstärkten Erinnerungseffekt mit entsprechend hohem Wiedererkennungspotential bei. Durch zu starke Penetration kann statt eines positiveren allerdings auch ein negativeres Produktimage aufgebaut und dauerhaft auf die Marke übertragen werden (besonders gefährlich, wenn die Musik noch zusätzlich vermarktet wird und dauernd in den Charts erscheint).[125] [126]

In der derzeitigen Werbepraxis lassen sich im wesentlichen folgende Einsatzformen von Musik unterscheiden: Kurzmotive, Jingles (gesanglich vermittelte Produktbotschaft), Werbelieder und Hintergrundmusik. Wenn musikalische Stilrichtungen eine eindeutig belegbare Sphären- oder Szenenzugehörigkeit aufweisen, ist mit einer solchen differenzierten musikalischen Ansprache in der Werbung auch eine noch zielgruppenspezifischere Ansprache möglich; dann sind natürlich Streuverluste entsprechend einzuplanen (in solchen Fällen kann natürlich die Musik kaum als Klammer dienen). Denn in gleichem Maße, wie eine bestimmte Gruppenzugehörigkeit der Produktverwender durch ganz spezifische Musikstile kommuniziert wird, wird auch der „Aufforderungscharakter des beworbenen Produktes" nur dieser speziellen Gruppe zugänglich sein, andere Gruppen wären also davon ausgeschlossen.

Für andere Musiktitel und -richtungen bietet sich im Bereich des Jugend- und Szenenmarketing in Verbindung mit der Kommunikation von Werbebotschaften ein besonders sinnvolles Einsatzfeld, da hier bestimmte musikalische Stile (z. B. Techno) recht breite Teile der Jugendkultur prägen und damit auch Lebensinhalt bedeuten.

Welche Anwendungsbeispiele gibt es für die Zielgruppe „Generation X"?

C&A verfolgte Anfang bis Mitte der 90er konsequent die Verbindung von Mode und Musik, besonders für die Kollektionen „Young Collections" und „Rodeo". Zu diesem Zweck wurden u.a. Kooperationen mit der Plattenfirma MCA durch Lizenzverträge oder mit Fernsehsendern wie Viva und MTV eingegangen. Seit 1993 gibt es das „Sound of Fashion"-Konzept. Im Frühsommer 1994 startete die Kampagne „Indian Spirits". In der ersten Phase ließ sich C&A durch einen Revival von Mamas and Papas „Dream a Little Dream of Me" inspirieren.[127] Damit reagierte man auf die Retro-Welle bei den 14- bis 16jährigen, die sich zu dieser Zeit bezüglich ihres Outfits wieder stärker in Richtung „Sechziger" und frühe „Siebziger" und der „Hippie- und Flower-Power-Welle" bewegten. Die Musik zu „Indian Spirits" wurde eigens für C&A von dem Produzentenpaar Andi Slavik und Susanne Kemmler erstellt. Der Versuch, die „G X" mit Hilfe des Indianer-Mythos für die eigenen Produkte zu begeistern, bedurfte auch der Vermittlung einer typischen „Indianer-Stimmung". Diese Kommunikationsaufgabe übernahm hier eine neu geschaffene Melodie in Form einer instrumentalen Hintergrundmusik. Die Einbindung von typischen Instrumenten bekannter Indianerkulturen (Panflöten, Trommeln, Schellen und diverse Klanghölzer) sowie die ruhige spirituell anmutende Weise sollten den assoziierten Mythos zum Leben erwecken und so den direkten emotionalen Zugang zum Rezipienten ermöglichen. Aus dem ursprünglichen Werbespot wurde so ein gut inszeniertes Musikvideo. Auch die folgende Kampagne von C&A „Power" wurde von einem speziellen Musiktitel getragen. Da die neue konzeptionelle Ausrichtung danach mehr in Richtung „Lifestyle" und „Verlierern, die zu Gewinnern aufsteigen" ging (also im Prinzip der Mythos des idealtypischen „American Way of Life"), paßte der Titel „Believer" von der amerikanischen Bluessängerin

Marla Glen auch ideal zu den Sujets (Dampflok u. ä.) und den damit assoziierten Inhalten. Die Glaubwürdigkeit des Anliegens sollte für C&A durch die wöchentlich auf MTV und Viva ausgestrahlte Werbesendung „The Sound of Fashion" (Kooperation C&A mit Viva und MTV) positive Impulse erhalten. Bei der Kampagne „True Stories" (1996) kam der musikalischen Unterstützung der Werbespots, durch typische amerikanische Hits, eine zentrale Bedeutung bei. Die Lufthansa AG hatte z. B. 1996 mit ihrem Wettbewerb „Up'n away – music search 1996" auch ein Auge auf Nachwuchsmusiker unter 27 Jahren geworfen. Unter Berücksichtigung angesagter Musikstile großer Teile der „G Xer" lockte das Unternehmen mit Rap und dem Dancefloor-Trio Mr. President. Die CD sollte in einer dezenten Grau-Gelb-Optik ihre Herkunft nicht sofort preisgeben, zumal jegliche Hinweise auf das Unternehmen fehlten. So sollte gewährleistet werden, daß die Produktbotschaft, verpackt in einem eingängigem Refrain, möglichst unbeschadet und produktiv an ihrem Bestimmungsort angelangt.[128] Opel nutzte das „Up'n away"-Konzept der Lufthansa durch eine entsprechende Kooperation mit letzterer in Verbindung mit einem gesponserten Eric-Clapton-Konzert in Barcelona im Rahmen einer Kampagne für den Opel „Tigra" (1996).

Auch für die Langnese-Eismarke „Blizz" spielte Techno 1996 eine bedeutende Rolle, um die 15- bis 20jährigen auf den kühlen Genuß einzustimmen, und für Milka sollte der „Cool-Man-Rap" das Herz der jungen Konsumenten erobern.[129] Pop ist infolge seiner Reichweite und Kontinuität immer noch ein wichtiger Pfeiler des Jugendmarketings. Pop (von Elton John bis Rolling Stones) wird von den Teens und der „Generation X" bevorzugt. VW und Microsoft haben die „G X" auch im Visier. So profitierte VW vom Erfolg der Rolling Stones gleichermaßen wie vom Erfolg und der großen Schar jugendlicher Fans Bon Jovies und konnte diesen Erfolg auf seine Produkte übertragen. Microsoft versuchte Windows 95 mit dem Stones-Hit „Start me up" kräftig Power einzuverleiben. Mit letzterem scheint man die Verbindung „Hightech und Kult" mit Hilfe des Kult gewordenen Revivals aus den 70er Jahren gesucht zu haben. Die Wella AG initiere eine House-CD für ihre Produktlinie „Wella Design" und die Zielgruppe der „G X".

Für Levis hat die Musik in der Werbung die Bedeutung, dem Markenkern Zeitgeist und stete Aktualität einzuverleiben. So werden die häufig wechselnden Kampagnen oft entweder mit bereits gekrönten „Ohrwürmern" (Renner in den Charts) unterlegt oder mit Titelsongs, die dann zu Hits geworden sind (z. B. „Under Water Love"-Kampagne).

Versatzstücke

Im Zentrum der Betrachtungen der versatzstückartigen Gestaltung steht das veränderte Wahrnehmungsverhalten der heutigen Medien-Jugend. Die Beliebtheit von MTV und VIVA bestätigt die Vorliebe der 16- bis 29jährigen für Musikvideos, schnelle Schnitte, bunte und schrille Bilder sowie ihr ausgeprägtes Rhythmusgefühl. Schnell gewöhnen sich die jungen Mediennutzer an flexible Navigationsformen und dreidimensionale Cyber-Space-Welten im Internet. Neue Fernsehwirklichkeiten formieren sich (sprachliche Informationen weichen visuellen Effekten aller Art, wie Bilder, Symbole, Graphiken, 3D-Computeranimationen oder Kombinationen dieser mit Musik, z. B. durch Einblendung von Musikvideos). Die neuen TV-Nutzungsmuster (Hopping, Zapping, Switching) kennzeichnen reizresistente Erregungshirne, die problemlos mehrere sensorische Reize gleichzeitig in sich aufsaugen und verarbeiten können.

Die Sucht nach individueller Unterhaltung und Animation aus Angst vor Langeweile führt zur Inszenierung individueller Bildmenüs (Fiktionen) per Knopfdruck (siehe auch unter Mediennutzung: Internet). Infotainment heute impliziert auch die Zerstörung herkömmlicher Sinnzusammenhänge. Eine Vielzahl von Effekten (Mythen, Symbole, Zitat-Montage aus der ganzen Menschheits- und Kulturgeschichte) bietet den Jugendlichen eine geschlossene Projektionsfläche für die eigene Phantasie, auf der sie nach Belieben individuell und interaktiv agieren können. Das geläufige Denkmuster beim Menschen beruht auf Assoziationen als Querverweise und -bezüge. Der Computer fördert diese Form eines vernetzten und assoziativen Denkens und Lernens besonders bei den jugendlichen Intensivnutzern. Hypermediadokumente enthalten Text, Bilder, Tondaten und Video. Aus einer derartigen „Grenzauflösung unterschiedlicher Medien" ergeben sich völlig neue Darbietungs- und Verknüpfungsmöglichkeiten von Informationen. Neue Geschwindigkeiten der Informationsdarbietung bewirken immer schnellere, aber auch oberflächlichere Verarbeitungsprozesse bei den Benutzern. Die selektive Aufmerksamkeit und die dadurch bedingte Auswahl und Verarbeitung auffälliger visueller Details wird forciert. Beschleunigte, sprunghafte Blickbewegungen decodieren schnell Gehörtes und Gesehenes. Visuelle Oberflächen steuern Assoziationen, wobei der kritische Blick der gut gebildeten jungen Medien-Generation automatisch das Medienangebot filtert. Die Auflösung linearer Wahrnehmungs- und Verarbeitungsprozesse (z. B. beim Lesen von Büchern) erfordert von Marketing und Werbung den Einsatz neuer visueller Grammatiken, neuer Erzählformen und insgesamt einer ganz neuen Logik.[130]

Die versatzstückartige Gestaltung (auch Fragmentierung, Collage oder Montage genannt) der einzelnen Bild-, Text- und Ton-Elemente ist einerseits Abbild des Patchwork-Bewußtseins der hybriden und multioptionalen 16- bis 29jährigen. Andererseits ist sie aber auch Ausdruck eines coolen Hyperrealismus, der die Allmacht verleiht, mit allem Vorhandenen zu spielen, es nach Lust und Laune auseinanderzuschnibbeln und wieder völlig anders zusammenzusetzen. Teilweise sind die Collagen und neuen Muster mehr respektlos und schräg als vielleicht schön und ästhetisch (nach dem kategorischem Ordnungsschema der „Altzeit" geurteilt). Protest gegen die bestehende Ordnung ist wohl auch hier die falsche Interpretation, denn das Wort „Protest" besitzt hier viel zu viel zielgerichteten Aktionismus und Offensive. Vielmehr ist es wohl eine spielerische Gleichgültigkeit oder einfach nur eine Art Ratlosigkeit auf der Flucht vor dem „Schon-mal-dagewesen".

Wer die Dadaisten des frühen 20. Jahrhunderts kennt, kann gewisse Parallelen bei der Art und Weise, sich auszudrücken und graphisch darzustellen, nicht abstreiten (vgl. Anhang, Abbildung K). Wenn auch die Intention damals eine etwas andere war, sind die Ausprägungen sehr ähnlich. Parallelen zeigen sich auch dann, wenn man an die vielen Happenings und Fluxus-Kundgebungen denkt und die vielen Schriften und Manifeste, die ein Leitbild für die eingeschworene Szene projezierten. Aber zurück zur Gegenwart.

Aus den einzelnen multisensualen Collagen kann sich jeder Einzelne seine eigene, ganz persönliche Geschichte zusammenbasteln, da das vorliegende Archiv keine zwingende Logik enthält, sondern nur bestimmte Codierungen als Wegweiser. Somit findet sich in der Kommunikation mit Hilfe von versatzstückartiger Gestaltung eine ideale Möglichkeit, den Nerv der „Generation X" zu treffen. Ähnlich wie bei der Vernetzung von Marketing-Maßnahmen wird der Adressat direkt über Handlungsofferten in den Kommunikationsprozeß miteingebunden, denn das „Bild", welches er sehen will, muß er sich erst selbst erschaffen. Er kann seine Autonomie durch Eigeninitiative wahren – egal welchen Szenen oder Stämmen er sich zugehörig fühlt.

Die Online-Oberfläche des Internet ist für diese Art von Kommunikation die gegenwärtig wohl interessanteste Spielwiese.

Welche Anwendungsbeispiele gibt es für die Zielgruppe „Generation X" in den Printmedien?

Ein Beleg für die aktive Gestaltung und Prägung der Medienlandschaft durch die Jugendkultur ist der Bereich der neuen Zeitschriften. Die Szenemagazine oder Fanzines der Jugendkultur, gefolgt von Stadtillustrierten, setzen auf eine sogenannte „totale Ästhetisierung". Die graphische Gestaltung dieser Blätter ist unkonventionell (vgl. Anhang, Abbildung L 1 und L 2), eine marktgängige Optik wird ignoriert. Für Fanzines waren Trennungen zwischen Text, Grafik und Fotos seit jeher tabu. Texte laufen schräg über das gesamte Seitenformat, Buchstaben ändern regelmäßig Größe, Typ und Farbe. Buch-

staben oder Worte werden mit der Maschine getippt, dann ausge-
schnitten und aufs Layout geklebt. Bilder werden verzerrt und zer-
stückelt und sind zwischen Textpassagen verteilt. Traditionelles Lesen wird erheblich erschwert. Der „Leser" wird hier mit einer einzig
erregenden Spielfläche absonderlichster Kreationen konfrontiert.

Mythos, Mystik, Fiktion

Mythen berichten in der Regel über Schicksal oder Taten von Göttern
oder Halbgöttern. „Kosmogonisch" erklären sie den Ursprung der
Welt, „kosmologisch" Werden und Vergehen in der Natur, „eschato-
logisch" erzählen sie von Untergang und Erneuerung der Welt und
erklären „anthropologisch" Geheimnisse und Wesen der menschli-
chen Natur. Mythische Botschaften sind analog, anschaulich, ge-
fühlsbewegend und aufgrund ihrer verbal kaum ausschöpfbaren Inhalte mehr in einer „Gesamtheit von Bildern" auszudrücken. In der
Dynamik der modernen Gesellschaft beziehen sich Mythen mit Vorliebe auf die Natur von Männern und Frauen, auf Kinder, Jugendliche. [131] Ein Mythos kann sich aber auch auf unternehmerisches Wirken als solches oder auf Ergebnisse unternehmerischer Tätigkeit
(Produkte und Dienstleistungen) beziehen. Der Mythos enthält dabei
stets auch Elemente des Selbstbildes und übernimmt eine stützende
Funktion in Richtung positiver Selbstinterpretation. Maßgebend ist
bei diesen Betrachtungen vor allem die Wahrnehmung der Menschen
bezüglich subjektiv wichtiger Probleme und bezüglich der Herausforderung durch ihre eigene Lebenssituation. Zum Mythos verdich-
tete Firmenimages können sogar Unentschlossenheit bei Kaufentscheidungen positiv oder negativ beeinflussen. Der mit Versagung
und Versuchungen angereicherte Alltag bedrängt die Menschen und
treibt sie in die Flucht in eine Bedeutungsfülle eines gegenwartsbe-
zogenen mythischen Erlebens. Mythos und mythischer Narrativ sind
Schutz vor dem Beängstigenden, dem befremdlichen Gegenstand,
ohne daß sie die parallel vom Beängstigenden ausgehende Faszinati-

on zerstören oder unterdrücken. Der Lebensalltag füllt sich zunehmend mit Mythen, vor allem im Hinblick auf den Verlust an Glaubwürdigkeit und Akzeptanz, der die Amtskirchen betroffen hat.[132] Der Mythos stellt in einem dynamischen System, in dem sich Werte und Identitäten ständig zu ändern scheinen und viele kleine Bewegungen größere Bewegungen durchdringen, eine Art Ruhepol dar, als „Repräsentant von Zeitlosigkeit". Mythos steht demnach für „Konstanz und Prägnanz". Durch „Zeit-Konstanz" können auch „Quasi-Mythen" entstehen. Das heißt, daß Marken mit einer ausdauernden Langzeit-Präsenz mythische Qualitäten aufbauen, weil sie schon zum Inventar unserer Kultur geworden sind (z. B. Nivea, Maggi, Coca Cola, Swatch, Adidas, Nike u. a.). Man beschreibt den Mythos heute auch als einen All-Glauben, an den eine Gesellschaft glaubt, ohne genau zu wissen, daß sie daran glaubt – als einen „Tempel der Ewigkeit". Älteren Marken kann er dazu verhelfen, „zeitlicher zu werden" – also Vergangenheit, Gegenwart und Zukunft gleichermaßen zu bedienen.[133] Aufgabe der Marketing-Experten soll es sein, jeder Marke den Mythos mit der höchsten Affinität zu dieser zu geben, da nur die Stimmigkeit des Mythos dem Anspruch nach Glaubwürdigkeit der Produkte insgesamt gerecht werden kann. So wie man den Mythos mit übermenschlichen Kräften in Verbindung bringt, so soll der Mythos die Brücke zwischen Überwelt des Geistes und der objektiven Wirklichkeit schlagen, um damit für die Produkte eine zeitliche Konstanz zu erhalten. Allerdings lassen sich Magie und Mythos nicht einfach durch Behauptung konstruieren und inhaltlich kommunizieren. Magie kann nicht behauptet werden. Vielmehr sollte ein wirklicher Mythos der Zielgruppe genügend Freiraum zur Selbstentfaltung lassen. Die magische Wirkung und Anziehungskraft kann so zwar in eine gewisse Richtung gelenkt werden, einstellen muß sie sich jedoch ganz individuell in den Köpfen der angesprochenen Personen.[134] Gerade in dieser Forderung an z. B. in der Werbung benutzte Mythen liegt überhaupt erst das Potential dieses Instrumentariums, um ganz unterschiedliche Individuen gleichzeitig anzusprechen. Die ursprüngliche USP-Werbung, die auf die Produktvorteile abstellt, erweist sich aus der Sicht, daß ein Mythos auch „mythengerecht" kommuniziert werden muß, als falscher Kontext für den Mythos.[135] So erscheint es z. B. einleuchtend, daß der angepriesene geringere Säuregehalt eines Obstsaftes beim Konsumenten nicht gerade eine von Magie getragene Sinnesberauschung und Phantasiewelle auslöst. Versuche, den Mythos oder mythische Qualitäten von Produkten oder Marken durch stereotype Emotionen zu ersetzen, können im Zeitverlauf zu redundanten Emotionen führen. Eine Überladung mit Emotionen durch die zu starke Konzentration auf dieselben und einer dadurch bedingten Verdrängung funktionaler und nutzenrelevanter Aspekte heizt beim ahnungsvoll gespannten Konsumenten den Hunger nach dem Mythos extrem auf. Die Penetration von stereotypen Emotionen statt dessen entläd die Spannung in eine leere Enttäuschung, weil das große mentale Erlebnis sich schließlich nicht einstellt. Unbewußte Abwehrreaktionen und Verärgerung sowie Distanzierung vom Produkt oder vom Hersteller sind die dann oft scheinbar unerklärlichen Folgen.

Die Forderung nach hoher Affinität des Mythos zu Produkt bzw. Marke macht auch verständlich, daß emotionale Schritte in Richtung Mythos ähnliche negative Wirkung erzielen, wenn die Produkte qualitativ diesen stereotypen Emotionen nicht gerecht werden, also einer Mythos-Kommunikation gar nicht gewachsen sind. Dieser Vorwurf wurde 1995 auch in der Presse laut, nachdem C&A seine Kampagne „Indian Spirits" beendet hatte, die der „Young Collections" ein geheimnisvolles, mythisches Flair verleihen sollte. Aber vielleicht ist C&A ein typisches Beispiel dafür, daß der hier gewählte Indianer-Mythos einfach nicht konsequent bis zur letzten Ecke der Abteilung, geschweige denn des jeweiligen gesamten Hauses kommuniziert wurde. Vielleicht hat ja der Mythos einfach nicht genug „gelebt", um genug Eigendynamik entwickeln zu können. Es ist also sehr wichtig, daß eine Mythen-Kampagne von Anfang an und konsequent mit allen verfügbaren Mitteln (Sozio- und Sportsponsoring und Zeitgeistkommunikation) durchgesetzt werden muß. Der Adressat eines Mythos benötigt genug Zeit, um den Mythos für sich wirklich erfahren zu können. Aus diesem Grund reicht eine sporadische „Mythos-Streuung" nicht aus. Die Kampagne muß umfassend und intensiv genug sein, um sie begreifen und erleben zu können. Das Produkt bzw. die Dienstleistung muß immer wieder durch neue Elemente emotional aufgeladen werden (übrigens ein Vorteil der ESP-Werbung im Vergleich zur USP-Werbung).

Trotz mancher Kritik am mangelnden Durchsetzungsvermögen von Frühadaptern im Bereich Marken-Mythos als Kommunikationsmittel stellen derartige mythologische Fundierungen von Marken eine wichtige Grundlage für den Einstieg in Zeitgeist und Lifeware dar.[136]

Mystik und Fiktionen, angereichert mit virtuellen Bildern und Konstruktionen, bilden im Hinblick auf den Mythos sozusagen die Software für individuelle Spiele und Phantasien. Gerade im Marketing für die schwierige Klientel der 16- bis 29jährigen können diese verbal kaum erfaßbaren Instrumente auf der steten Suche nach der „Verzauberung des Hyper-Realismus" akzeptable Vehikel für die unterschiedlichsten subjektiven Träume der Zielgruppe darstellen. Ferner können „so aufgebaute Marken ... den Überraschungscharakter der Gegenwart", bei der eine Mode, die andere jagt, in sich harmonisieren und zu einer Art „Zeitgeist-Antiquität" oder auch Kultobjekt mit Fetischcharakter erstarken.[137]

Welche Anwendungsbeispiele für die Zielgruppe „Generation X" sind hier zu nennen?

Neben C&A, die – wie bereits oben erwähnt – 1994/95 den Indianer-Mythos für die „Young Collections" aufgegriffen und in einer folgenden Kampagne (in Weiterführung dieses Ansatzes) den Mythos „des Aufsteigers von ganz unten, der sein Ziel geschafft hat, weil er fest an sich und seine Fähigkeiten geglaubt hat" kommuniziert haben, fanden sich mythische und mystische Elemente auch in den Kampagnen von, Adidas (Heroe), Nike oder im Getränkemarkt, hier vor allem bei den zahlreichen Energie- oder Wellness-Drinks. Auch Levis brachte mystische Elemente ins Spiel, um den Mythos der Marke zu beleben. Im Jahr 1996/97 zeigte sich Levis in einer Printkampagne recht vielfältig: Die Intention, zu zeigen, daß Levis außer der „501" auch noch viele andere Produkte hat, wurde durch zum Teil surrealistische bzw. apokalyptische Abbildungen („V-Neck") oder eben auch mystische Sequenzen („Classic Zipper") durch Anzeigen (Amica, Allegra, Bravo, Pop Rocky, Stadtmagazine, Men'Health, Stern) und durch Großplakate unterstützt. Der besondere Effekt lag in der Zweideutigkeit der Darstellung, wie z. B. die Visualisierung eines V-Ausschnittes durch zwei Taue im Himmel („V-Neck") oder die reißverschlußartige Zusammenführung von Händen, mönchartig durch ein Levis-Sweatshirt verhüllter Männer und Frauen („Classic Zipper") (vgl. Anhang, Abbildung M 1 und M 2). Das Unternehmen Reemtsma mit ihrer Zigarettenmarke „West" war federführend auf dem Gebiet der fraktalen Markenwerbung, in der häufig mit Fiktionen, also Phantasiegebilden, gearbeitet wurde, die sich ohne weiteres im Bereich des Mystischen wiederfinden können. Auch Adidas berief sich auf den Mythos, „Du kannst es schaffen, wenn Du an Dich glaubst, und Du wirst besser sein als die anderen". Beliebtes Motiv waren dabei immer wieder Farbige, die es im Sport zu Ruhm und Ehre gebracht haben. Ein Beispiel war hier der Leichtathlet Carl Lewis, der es trotz Eskapaden und Rückschlägen zu Weltmeisterschaften gebracht hat und den Adidas in einem Spot mit Adidas-Turnschuhen favorisierte. Auch Champions aus den klassischen Ghetto-Sportarten, wie diverse Streetball-Variationen, sind im Allgemeinen als Mythos-Element sehr beliebt, da hier der Gedanke des „Aufsteigers von ganz unten" besonders gut und glaubwürdig zu kommunizieren ist. Vereinzelt greifen die Werber daher auch auf kurze Einblendungen von düsteren Slums, armseligen, verkommenen Straßenzügen zurück, durch die ihre Helden dribbeln oder jumpen. Besonders in den USA dürfte für solche Sujets ein tiefes Verständnis und sogar eine gewisse Hingabe bestehen. Gemeint sind damit die finanziell abgesicherten „G Xer", die aus ihren langweiligen, gutbürgerlichen und sicheren Gegenden heraus mit dem harten Leben auf der Straße oder den Bandenkriegen in den Ghettos (z. B. Harlem in New York) sympathisieren. Für den Außenstehenden und Nichtbetroffenen kann sich hier ein erotisches Moment einstellen, das vom Geheimnis einer völlig anderen und fremden Welt ausgeht. Hier liegen ohne Zweifel Mythos-

Potentiale. Diese äußern sich ebenfalls in einer starken Anziehungskraft, die von farbigen Rapern oder Hip Hop Bands ausgeht. Die Macht der Stimmgewalt der „Ghetto-Kinder" impliziert für die „Bleichgesichter" etwas von ewiger Unterdrückung, rauher Kindheit und gnadenlosem Ehrgeiz. Ihre fast ausnahmslos athletischen Körper, die großen dunklen Augen und die ausdruckstarken Lippen haben Fetischcharakter. Daher werden sie von der melaninschwachen „G X" immer wieder gern kopiert. Von Rasterlocken über Schlabberlook bis Nike-Shoes: „Black is beauty, black is hip". Kaum eine Werbeanzeige oder ein Videoclip, die bzw. der etwas auf sich hält, verzichtet auf den „schwarzen Geheimcode".

Werte und Traditionen

Wie oben bereits angesprochen sind die wichtigsten Dinge im Leben der 14- bis 29jährigen Gesundheit (von 54 Prozent genannt), Liebe (54 Prozent), Freundschaft (45 Prozent) und Familie (43 Prozent). So schreibt man den riesigen Erfolg der „Kelly Family" auch dem seit 20 Jahren verkörperten Pathos der Familie als solche zu, die zusammenbleibt und sich nicht trennt wie z. B. „Take that" oder neuerdings „Tic Tac Toe". Millionen sich einsam fühlender Teenager haben nur den einen Wunsch, in den Schoß dieser Familie aufgenommen zu werden, die über Generationen hinweg an ihrer geprägten Form nichts eingebüßt hat und altersschwache Familienmitglieder immer wieder durch nachgeborene ersetzt.[138] Die Familie, als Versicherung für dauerhafte Beziehungen, Liebe und Geborgenheit, nimmt einen zentralen Platz im Wertesystem der „G X" ein.

An einen Gott glauben über die Hälfte der 14- bis 29jährigen Deutschen, für nicht ganz jeden Dritten von ihnen war Jesus Christus allerdings noch nie ein Thema. Also werden Glaube und christliche Religion von den jungen Deutschen nur selten in Verbindung miteinander gebracht, was sicherlich auch Ursachen im allgemeinen Imageverlust der Amtskirchen hat. Die „Generation X" findet die Demokratie wertvoll (90 Prozent) und hält die existierende Gesellschaftsordnung für verteidigungswürdig (80 Prozent). Über die Hälfte von ihnen möchten lieber in ihrer Heimat leben als in einem Land außerhalb von Deutschland. Doch erscheint den meisten „G Xern" Deutschkult absurd. Die pulsierende multikulturelle Gesellschaft hat diese Generation vom Sandkasten bis zum ersten Girokonto über einen prägenden Internationalismus der Pop-, Film-, Mode- und Cola-Industrie in sich aufgesogen. Das eigene Vaterland wird von den jungen Deutschen demzufolge auch weniger als Kultur- und Schicksalsgemeinschaft empfunden – vielmehr als eine Arbeitsgemeinschaft. Die überwiegende Mehrheit von ihnen denkt bei dem Wort Deutschland daher auch in erster Linie an die D-Mark (79 Prozent) oder an Mercedes-Benz. Die Qualität der deutschen Erzeugnisse (47 Prozent) und die Leistungen der deutschen Wirtschaft insgesamt (41 Prozent) werden dann auch vorrangig als Dinge genannt, auf die man als Deutscher stolz sein kann. Patriotismus wird allerdings, wenn überhaupt, nur stillschweigend gepflegt. Er offenbart sich aber spätestens dann, wenn immerhin 45 Prozent der Jugendlichen zugeben, daß sie sich als Deutsche anderen Völkern überlegen fühlen.[139]

Bezüglich des Zusammenlebens in der Gesellschaft besitzt Toleranz für mehr als ein Drittel von ihnen den höchsten Wert. Fast ebenso wichtig sind Solidarität (23 Prozent) und Ehrlichkeit (22 Prozent). Arbeit ist für 49 Prozent der 14- bis 29jährigen Deutschen gleichbedeutend mit Geld, für nur 22 Prozent bedeutet Arbeit Erfüllung. Geld ist aber nicht einmal für jeden Dritten von ihnen das Wichtigste im Leben. Bevor sich diese jungen Deutschen in einer Karriere verausgaben (für nur 9 Prozent ist nach eigenen Angaben die persönliche Karriere das Wichtigste im Leben), möchten 12 Prozent von ihnen lieber ihre Freizeit genießen und Spaß haben.[140] Die Berufswelt verliert als feste Größe an Bedeutung. Waren für frühere Generationen Leistung und Erfolg noch das höchste Gut, die Begriffe Geld, ein schöneres Leben sowie ein fleißiger Arbeitsalltag noch eng miteinander verflochten, trifft das für die neue Generation nicht mehr ganz zu. Für diese Werte von einst kann sich die desillusionierte Jugend nicht mehr begeistern angesichts der Sackgasse, in die diese Wertvorstellungen auch in Deutschland führen.[141] Doch obwohl Geld nicht das

Wichtigste im Leben der jungen Deutschen ist, liegen die Ansprüche an das zukünftige monatliche Einkommen weniger in bescheidenen Regionen. Über durchschnittliche 4070 Mark netto möchten die heute 14- bis 29jährigen mit 35 Jahren verfügen können. Zwar würde, wenn die freie Wahl bestünde, ein Viertel von ihnen als Globetrotter auf einem Segelboot ihr Leben lang um die Welt segeln, doch schon die zweithäufigste Option ist ein Leben als Manager oder Managerin und Single in einer Penthouse-Wohnung (16 Prozent).[142] Um die vorgegebene Bescheidenheit und den Hang zu idealistischen Werten ist es also nicht sehr weit bestellt. Unabhängigkeit und Eigenverantwortung scheinen zumindest im finanziellen Bereich für die Jugendlichen eine große Bedeutung zu haben angesichts der Tatsache, daß jeder Zweite seinen Lebensunterhalt mit einer festen Arbeit und 18 Prozent von ihnen diesen mit Jobben bestreiten. Nur 6 Prozent von ihnen beziehen z. B. Sozialhilfe oder Arbeitslosengeld. Auch Sparsamkeit bei zusätzlichen finanziellen Zuwendungen hat für die jungen Deutschen mehr Relevanz (43 Prozent) als z. B. das Kaufen von Bekleidung oder auch etwas Größerem (ca. 20 Prozent).

So wie sich die „Generation X" insgesamt auch aus Jugendkulturen vergangener Jahrzehnte zusammensetzt, ist auch ihr Wertemuster entsprechend patchworkartig zusammengesetzt (siehe Abschnitt „Der Einfluß des Elternhauses" in diesem Buch). Doch letztlich wird das Selbst zur einzig verbindlichen Urteils- und Werteinstanz erklärt.[143] Trotz vieler Widersprüchlichkeiten, die sich auch im traditionellen Verständnis kultureller und gesellschaftlicher Werte wiederfinden, zeichnet sich hier insgesamt eine doch recht tiefe Verbundenheit mit dem eigenen Land ab. Heimatgefühle und Familiensinn sowie die Rückbesinnung auf Bodenständiges und Elementares sowie Authentizität und Ehrlichkeit sind kennzeichnend für eine gestreßte und desillusionierte Jugend, die scheinbar eher Hilfe aus dem Chaos sucht – Sicherheit und Geborgenheit als ewiger Kindheitstraum. Die Multioptionen der Postmoderne und Informationsgesellschaft hinterlassen Spuren der Erschöpfung. Damit ergeben sich aus den oben genannten Traditionen ebenfalls Möglichkeiten für eine globale Kommunikation über alle Szenen und pluralistischen Sequenzen hinweg.

Welche Anwendungsbeispiele in der Kommunikation für die „Generation X" sind hier zu nennen?

Die Rückbesinnung auf landestypische Traditionen und Werte entwickelte sich als Gegentrend zu dem sogenannten Ethno-Trend. So bevorzugt beinahe jeder zweite der 16- bis 29jährigen die deutsche Küche. Maggi servierte z.b. mit Bayerischer Leberknödel-Suppe, Schwäbischer Käseklößchen-Suppe oder Badischer Zwiebelsuppe heimische Kost und reagierte damit – neben mexikanischen Varianten, die die Szene favorisierte – auf oben genannte Bedürfnisse der 16- bis 29jährigen.[144] Auch eine Mixtur aus traditionell volkstümlichen und jugendkulturell spezifischen Elementen wird von einigen Unternehmen hinsichtlich der Multioptionalität der Jugend, die das Spiel mit der Ironie liebt, kommuniziert. McDonald's schickt da schon mal Heino durch seine Räumlichkeiten, „Dicke Dinger" (Hamburger Royal) besingend, und Milka rapte mit „Is cool, man" und einem „Ureinwohner der Alm" in Lederhosen über die Alpen. Auch Sony griff 1997 in die Mottenkiste verstaubter „Heimat-Requisiten" und verpackte sie in einen hyperrealistischen Zusammenhang. Die Erinnerung an die „vertraute Kindheit" (das Hirschgeweih bei Oma, die Plüsch-Frisiertoilette bei Tante Helga oder der gute alte Gummibaum aus der „Verschwenderzeit") signalisiert bei der „G X" sofort: „Moment mal, das kenn' ich doch irgendwoher!?" Zünftig müssen die Zeichen sein und schrill kombiniert – Selbstironie ist angesagt! Leichte Modeanflüge aus Richtung „Lederhose, Eichenblatt und Edelweiß" bestätigen die Allgegenwärtigkeit des „Urigen" und der latenten Sehnsucht nach „Bodennähe" der „Generation X".

Sport

Umfragen haben immer wieder bei der überwiegenden Mehrheit der 13- bis 29jährigen eine hohe Begeisterung für Sport festgestellt.[145] Über 70 Prozent der 14- bis 19jährigen und immerhin über 60 Prozent der 20- bis 29jährigen treiben in ihrer Freizeit mehrmals im Monat aktiv Sport.[146]

Favoriten bei den Sportaktivitäten waren dabei:[147]

➤ Basketball	70 Prozent
➤ Fußball	60 Prozent
➤ Inline-Skating	59 Prozent
➤ Streetball (Basketball)	56 Prozent
➤ Schwimmen	53 Prozent
➤ Volleyball	53 Prozent
➤ Snowboarding	53 Prozent
➤ Beachvolleyball	52 Prozent.

Zwei wesentliche Ursachen bedingen die große Bedeutung sportlicher Aktivitäten in der Freizeit in den späten 90ern, welche sich auch zukünftig fortsetzen wird:

1. ein Attraktivitätsverständnis und Schönheitsideal, welches sich auf schlanke, muskulöse Körperformen stützt, die Abbild für Gesundheit und Jugendlichkeit sind.

2. das Bedürfnis nach Gleichklang von Körper und Geist durch eine wachsende „geistige Überbetonung" moderner Industriegesellschaften und der Zurückdrängung körperlicher Einsätze (im Berufsalltag) sowie das damit verbundene Erfahren und Ausloten von neuen Grenzsituationen in einer allroundversicherten Welt.

In der „YOYO 3" wird die diesbezügliche Meinungsäußerung der jugendlichen „Egotaktiker" etwas genauer untersucht. Jene sehen im Sport hauptsächlich „Charakterertüchtigung und Spaß" („Fit for Fun"). So stellte sich in Workshops und Befragungen u. a. heraus, daß für männliche Jugendliche die Erzielung eines ansehnlichen muskulösen Körpers dabei ebenso vordergründig ist wie das Ausloten von eigenen Grenzen und die Anerkennung in der Clique oder beim weiblichen Geschlecht (letzteres besonders in der Pubertät). Diese „Kraftprobe" innerhalb ihres eigenen Anspruchs- und Wunschdenkens bereitet ihnen Spaß.[148] Circa 74 Prozent aller Jugendlichen zwischen 14 und 29 Jahren legen großen Wert darauf, gesund und fit auszusehen. Da Gesundheit für die Mehrheit (80 Prozent) von ihnen heißt, daß Körper und Geist in Einklang stehen, treiben 44 Prozent von diesen Jugendlichen sogar täglich Sport u. ä., um körperlich fit zu bleiben. Daß Schönheit für 80 Prozent von ihnen vor allem „innere Ausstrahlung" bedeutet,[149] läßt auf ein vordergründiges Wunschdenken schließen, das den öffentlich suggerierten Schönheitsidealen letztlich aber nicht standhält, da die Zahlen diese Angabe nicht bestätigen. Besonders die weiblichen Jugendlichen zwischen 16 und 17 Jahren vermögen sich trotz aller emanzipatorischer Historie nach wie vor nicht dem Bandmaß-Blick, der das „Objekt der Begierde" nach wie vor kritisch taxt, zu entziehen. Die Mädchen und jungen Frauen empfinden ihren Körper, dem Druck von außen entsprechend, als labil und launisch – als einen Käfig, in dem man eingesperrt und zugleich der Umwelt ausgeliefert ist. Daher wollen sie beim Sport und bei Fitness-Aktivitäten vorrangig ihr „Fett" loswerden und auch ihren inneren Schweinehund überwinden. Beides bereitet ihnen allerdings kein Vergnügen.[150] Aus dem Trauma des „Traum-Body" hilft dann nur noch die oben genannte Illusion: „Ausstrahlung ist wichtiger als Aussehen". Doch auch für die männliche Klientel dieser Altersgruppe wachsen die Ansprüche an das äußere Erscheinungsbild. So stecken auch sie immer häufiger in der Krise zwischen der Bewahrung der Authentizität: „Be Yourself" und der Annäherung an ein hochgestochestochenes Körperideal: „Be my Idol".[151] Sportliche Aktivitäten als Weg zu mehr Attraktivität (nicht nur Muskeln) liegen ebenso im neuen „Wellness-Verständnis" wie das ganzheitliche Sinnerleben und das Sich-Selbst-Erleben im Sinne eines archaischen und narzistischen Körperbewußseins. Bei Sportarten wie Skate- oder Snowboarding gewinnt die eigene Kreativität Vorrang vor einem gegenseitigen „Sich-Messens". Daher sind besonders die neuen Sportarten so beliebt.[152]

94

Der amerikanische Sozialkritiker Christopher Lasch hat den Industriegesellschaften ein „Zeitalter des Narzißmus" vorausgesagt, und schrieb dem Sport zukünftig eine größere Bedeutung zu als im hellenistischen Griechenland. Ein neuer „Ich-Kult" wäre dafür die Ursache. Die Menschen würden dann im Freizeit-Sport den geistigen Nervenkitzel und die körperliche Anstrengungen suchen, die sie in ihrer Arbeit nicht mehr fänden.[153] Der Sport nimmt eine Mittlerfunktion zwischen den beiden Extremen Arbeit und Freizeit ein, da er vom Erlebnis her weder zum einen noch zum anderen Bereich zu zählen ist.[154] Aber auch beim Freizeitsport geht das Interesse am Mittelmaß immer mehr verloren. Der Leistungsdruck beeinflußt auch in diesem Bereich immer extremer Freiwilligkeit und Alternativen. Die Sportarten individualisieren sich zunehmend, werden ausgefallener und risikoreicher. Sport-, Freizeit- und Urlaubshobbies werden zum Ersatzschauplatz harter Überlebenskämpfe, derer die Überflußgesellschaften westlicher Industrienationen weitgehend entbehren. Besonders die überschüssigen Energien der Jugend dieser Gesellschaften, die im Überfluß aufgewachsen sind und infolge häufig gestörter Familienbeziehungen und dem Mangel an echten zwischenmenschlichen Beziehungen und wichtigen Zielen ein Wir-Gefühl und Geborgenheit in einer aggressiven Subkultur suchen, werden auf diese Weise kanalisiert. Ob Freeclimbing, Bungee-Jumping, House-Running oder Paragliding – die Anfälligkeit der Jugendlichen für immer neue Grenzerfahrungen ist sehr hoch. Die Lust am Risiko und der Lustgewinn des Nervenkitzels als Lohn der Angst artet in einer Reizsucht aus, die die Jagd nach dem ultimativen Kick forciert (Base Jumping mit Fallschirm, Kanufahren in Wildwasserstromschnellen, Mountainbiking über den Gletscher im Adamello-Gebirge oder S- und U-Bahn-Surfen).[155] Aber Sport ist nicht mehr nur aktive Körperbetätigung für die „G Xer". Sportbekleidung prägt den Kleidungsstil der Jugendlichen. Über gemeinsame Mode, Musik oder sogar Eßgewohnheiten verschaffen sich Sportarten einen jugendkulturellen Überbau. Eine sehr wichtige Eigenschaft von Sportarten ist daher, daß sie ganze Jugendkulturen um sich herum aufbauen können.[156] Sportarten werden zu eigenen, umfassenden Welten mit eigener Mode und Label, eigenen Ausrüstungen, und Codes für eingeschworene Mitglieder und prägen das Erscheinungsbild einer neuen dynamischen Generation (frühes Beispiel: über den Baseball aus Amerika kamen Baseballkappen, Pony-Schuhe, Hot dogs und Popcorn nach Europa).

Welche Anwendungsbeispiele für die „Generation X" sind hier zu nennen?

Die Streetball-Events von Adidas treffen genau das Lebensgefühl der heutigen Jugend (vgl. Anhang, Abbildung N). Dabei verbindet Adidas Sport, Action, Mode, Musik und Marken – eine lebendige Jugendkultur etabliert sich und für das Unternehmen bedeutet das einen wichtigen Image-Push. 1993 waren bei einem derartigen Medienspektakel eine Million Zuschauer anwesend – selbst Puma, Coca-Cola und Diadora (Italien) konnten mit ihren Straßenfußball-Turnieren davon nur träumen. Coca-Cola setzt für Sprite auch in der kommenden Periode verstärkt auf Sport-Events. Nike ließ für den Nike-Court auf dem Berliner Alexanderplatz einen Sommer lang Kunststoffsohlen sammeln, um aus dem recycelten Material den Platz zu erstellen. Dort wird weiterhin fleißig gedribbelt und gedunkt, nachdem 1993 Adidas, Nike und NBA ein Drei-gegen-drei-Basketballturnier veranstalteten. Beim „European Champ" in Berlin im Sommer '94 spielten 1000 internationale Teams auf 100 Berliner Feldern, während Sony, Siemens, Sprite, Lufthansa und Sat. 1 dazu Side Events organisierten. 1994 stand auch der Henninger-Turm in Frankfurt am Main im Rahmen eines Promotion-Events der Brauerei jungen „House Runnern" zur Verfügung. Ein Drittel der Veranstaltungsfläche konnte Henninger für eine umfassende Eigenwerbung nutzen.[157] Beim Snowboarder-Treffen in Laax vom 19. - 21. April 1996 (vgl. Anhang, Abbildung O) war Swatch erneuter Hauptsponsor des Szene-Treffens. Das gesamte Gebiet der Gletscher-Bergstation wurde mit Swatch-Werbung dekoriert. Das Finale der besten Snowboarder der Vision/ISF-Boardercross-Tour mündete in einer dreitägigen Veranstaltung mit Partys, Hip Hop und Techno rund um die Uhr.

Das Deutsche Sportfernsehen übertrug erstmalig live das Finale mit Boardern aus ganz Europa.[158] Im Event-Bereich kooperieren häufig Unternehmen mit gemeinsamem Interesse an der „Generation X", so z. B. auch Fanta und Rollerblade: Die „Fanta Inline-Skate Connection '96" konnte bei 116 Veranstaltungen 1,5 Millionen direkte Kontakte verbuchen.[159]

Event-Kontakte zeichnen sich durch eine höhere Qualität als TV-Spots oder Anzeigen aus: man kann die Zielgruppe persönlich erreichen, kann Erlebniswelten schaffen und ist einfach „dichter dran". Aber auch hier besteht die Gefahr der Übersättigung: bei der sensiblen „Generation X" wäre eine Event-Flut sehr schädlich.

Testimonials oder Sponsoring von „Stars"

Eine weitere Möglichkeit, in der Kommunikation einen „Klammer-Effekt" bei der zersplitterten Zielgruppe zu erreichen, ist die Verwendung der assoziierenden Symbolkraft von Showbiz-Größen wie z. B. Michael Jackson oder Tina Turner (Pepsi).

Die Verwendung von Testimonials oder das Sponsoring von solchen „Stars" ist risikoreich: Häufig bestimmen diese Personen die Halbwertzeit einer PR- oder Werbekampagne.

Begibt man sich auf die Ebene der Trend-Scouts, läuft man Gefahr, den extrem kurzen Lebenszyklen von Moden und Trendverdächtigungen ausgeliefert zu sein. Was (und wer) heute hip ist, kann morgen out sein und wird bei Identifikation sofort als Peinlichkeit verhämt.

Über „Tic Tac Toe" z. B. spricht zur Zeit kaum noch jemand, der sich noch vor kurzem um die drei gerissen hätte. Die Anfälligkeit von Testimonials gegenüber Imageschwankungen ist für Kommunikationsstrategen keine Neuigkeit – wer in der Öffentlichkeit steht, ist anfällig.

Auch die inflationäre Wirkung von Testimonials dürfte kein Geheimnis sein. Trotzdem ist die Verlockung scheinbar immer wieder groß, einem verheißungsvollen Aufsteiger (noch kostengünstig, weil rechtzeitig, aber auch gerne kostenintensiv, weil Nachahmer) die eigenen Labels auf das Transfer-Image zu kleben, in der Hoffnung auf eine längere Lebensdauer dieser Aktion oder wenigstens eines kurzen, aber sauberen Umsatz-Kicks.

Die Frage nach einer ökonomischen Sinnhaftigkeit stellt sich unwillkürlich bei der Betrachtung des Beispiels „Spice Girls", die vor Werbeeinnahmen nur so aus ihren engen Nähten platzen: Mercedes (ein 130 000 Mark teures SL-Cabrio), Pepsi (erst mal 15 Millionen, dann noch mal mindestens 11 Millionen), Asda (40 Millionen, dafür gleich von der Pizza bis zu Socken und Briefpapier), seit neuestem auch Polaroid (2 Millionen für die SpiceCam-Sofortbildkamera), Elida Fabergé (3 Millionen für „Impulse") und Sony (3 Millionen für die Spice-Girls-Playstation)[160] Vielleicht stellen sich ja noch ein paar „Trendbewußte" ein, dann schmeißen wir alle Produkte in ihrer „emotional aufgeladenen Einzigartigkeit" in eine große „Gewürz"-Mühle, und alles wird sich tierisch gelohnt haben, für wen allerdings bleibt die Frage. Schlechte Beratung? Oder hatten alle den gleichen Trendscout? Wird man das je erfahren? Die „Old-Spicies" finden das sicher cooler als ihre Sponsoren und Anhänger, falls letztere die Sinflut überhaupt noch realisieren und nicht schon längst abgeschaltet haben.

Schade eigentlich, denn gerade die „Generation X", die sich ja bekanntlich lieber aus den Archiven vergangener Zeiten bedient, eröffnet den Werbern und Marketers ganz andere und vielfältigere Möglichkeiten. Das „Testimonial" aus der Mottenkiste – das Kultobjekt (vgl. Anhang, Abbildung P), die Pop-Ikone – ist z. B. weniger anfällig gegen Imageverluste. Die Öffentlichkeit holt sie höchstens noch zu Gedenktagen aus der Vitrine, das Interesse an Auslegung und Interpretationen ist erkaltet. Aber der Mythos lebt! Kitschig, abgegriffen und historisch verklärt gehören sie bereits wieder zum „Stoff, aus dem die Träume sind". Mit buntem Für und Wider aufgeladen, lassen sie sich besser und glaubwürdiger in die Produktzusammenhänge implementieren als jeder lebende Vierbeiner (Dalmatiner), welcher der Mode unterliegt. Opel und Casio sind nur zwei Beispiel-Unternehmen, die in jüngster Zeit mit Zeichen und Figuren aus alten Filmen erfolgreich herumexperimentierten. Andere Unternehmen arbeiten schon länger mit Lizenzen aus dem Filmgeschäft (Warner Import), um Produkte an die „Generation X" zu bringen. Billiger ist es allemal – sicherer, zielgruppenadäquater und flexibler obendrein. Doch auch hier gilt: Vorsicht vor inflationärem Übereifer!

Die Vernetzung von Kommunikationsmaßnahmen

Der multioptionale und hybride Konsument der „90er" bedarf aufgrund seines sprunghaften Verhaltens einer ebenso variablen wie komlexen Ansprache innerhalb des Kommunikations-Mix. Der Trend zur kommunikativen Vernetzung mehrdimensionaler Kampagnen ersetzt die traditionelle Logik klassischer Werbekonzepte, um vor allem die visuell und akustisch übersättigte junge Multimedia-Generation überhaupt noch zu erreichen. Auf die richtige Inszenierung kommt es den Jugendlichen von heute dabei hauptsächlich an. Sie verstehen unter dem Begriff „Kreativität" nicht mehr unbedingt das Herausbringen des absolut Neuen, sondern legen mehr Wert auf ein geschicktes Sampling auch von Vorhandenem. Zu der medial animierten, sprunghaften, selektierenden und besonders schnellen Aufnahme von Informationen aus verschiedenen Erlebniswelten (siehe Abschnitt „Versatzstücke") passen daher auch ebensolche Kommunikationskampagnen, um den Jugendlichen einen durchgängigen Lustgewinn zu ermöglichen. Es ist erwiesen, daß sich Awareness und Alleinstellung einer Marke nur durch derartige Kommunikations-Kombinationen erreichen lassen. Strategische Verknüpfungen von Event- und Programm-Sponsoring, Sonderwerbeformen, Product Placement oder der Verkaufsförderung mit der klassischen Werbung können die erforderlichen individuellen und situativen Erlebnispakete für die zersplitterte „G X" eher komponieren als Einzelmaßnahmen. Beim Sponsoring geht z. B. die Glaubwürdigkeit verloren, wenn sich die Aktionen lediglich auf die großzügige Mäzen-Rolle eines Geldgebers beschränken, außerhalb des gesponsorten Sektors jedoch durch fehlende Aktivitäten im Nichts versickern. Andererseits haben in der Multimedia-Gesellschaft die klassischen Werbeinstrumente wie TV-Spots an Wirkung verloren. So gewinnt zwar die Bedeutung von Sponsoring und Below-the-line-Maßnahmen an Gewicht, aber der emotionale Impact für die eigenen Marken bedarf allumfassenderer Kommunikation.[161] [162] [163] Innerhalb des Systems gewinnt dann infolge der Synergien jede einzelne Maßnahme mehr an Bedeutung, weil durch die Interdependenzen zwischen den einzelnen Maßnahmen im System eine Basis für völlig neue Erbebniswelten entsteht. Marken können am besten „evolutionär codiert" werden („erotisch ist, was meine Welt ist"), wenn sie zeitgleich in unterschiedlichen Netzwerken erlebt werden. „Evolutionäre Magie" stellt sich für die Marke dann mit der Erkenntnis der Konsumenten ein, daß die Marke die Kraft hat, in unterschiedlichen Welten bewußt und situativ mitleben zu können. Die lineare Beeinflussung ausschließlich durch klassische Kommunikations-Methoden (z. B. Werbung nur in Richtung USP wäre einseitig und damit als lineare Codierung anzusehen) kann den magischen Effekt künstlicher Welten, die von Konsument und Marke inszeniert werden, nicht erzielen. Aber gerade hinsichtlich Glaubwürdigkeit und Ehrlichkeit können nur derartige virtuelle Welten („neue Märchen") von der zwanghaften Lüge befreien, Wahrheit zu sein.[164]

Da diese Welten aber bereits vorab im Kopf der Konsumenten erfunden worden sind, muß diese „Welt-Erfindung" im Gehirn des Konsumenten entsprechend stimuliert, in Richtung Produkt geleitet werden. Da Menschen und besonders die beziehungsverarmten Jugendlichen hauptsächlich auf der Basis von Liebe, Sympathie und Beziehungs-Wärme bereit sind, sich auf derartige tiefenpsychologische Kooperationen („Co-Evolutionen") mit der Außenwelt einzulassen, müssen in erster Linie echte Beziehungssysteme zwischen Absender und Empfänger von Produktbotschaften aufgebaut werden – sogenannte „öffentliche Sympathie-Verträge", d. h. man behauptet keine neuen Welten, sondern läßt sie durch Beziehungen von sich aus entstehen und wachsen.[165] Hier manifestiert sich dann auch die wachsende Bedeutung von Szenen- und Eventmarketing (z. B. Musik), Sponsoring von Großveranstaltungen (z. B. Sport), Database-Dialogen, Consumer-Clubs, Life-Service oder Selfware in kombinierten Variationen. Klassische Werbung wird so mehr und mehr abgelöst durch eine Art Sozialarbeit vor Ort.

4. Wie die „Generation X" auf Kommunikationsmaßnahmen führender Unternehmen reagiert

Erreichen führende Unternehmen mit ihren Maßnahmen die „Generation X"? Welche Einstellung hat diese Gruppe zu ausgewählten Marken und Unternehmen? Um auf solche und ähnliche Fragen Antworten aus „erster Hand" zu erhalten, haben wir Ende 1997 mit einer repräsentativen Befragung dieser Zielgruppe begonnen. Die folgenden Informationen basieren auf einer Vorab-Auswertung.

Unternehmen unterschiedlicher Branchen im Meinungsbild der „Generation X"

Wir haben die befragten Jugendlichen gebeten, die Unternehmen

C&A, Opel, Mercedes-Benz, VW, H&M, IBM, Sony, Media Markt, Hertie, Deutsche Bank, Sparkasse, Allianz, R+V-Versicherung, Vereinsbank, Vobis und Commerzbank

nach folgenden Kriterien zu beurteilen:

➢ „macht viel für die Jugend" (Kriterium A)

➢ „ist ehrlich, glaubwürdig" (Kriterium B)

➢ „finde ich sympathisch" (Kriterium C)

➢ „hat gute Produkte bzw. Dienstleistungen" (Kriterium D)

➤ „die vertreten eine Richtung, eine Philosophie, die ich gut finde" (Kriterium E)

Dazu stellten wir folgende Frage:

Auf der nächsten Seite nenne ich Dir jetzt eine ganze Reihe von Unternehmen aus den unterschiedlichsten Branchen. Denke bitte bei jedem Unternehmen kurz nach, was Dir dazu so einfällt. Bitte beurteile die, die Du kennst, nach den 5 Kriterien *A, B, C, D*, und *E*:

Benutze dazu wieder die Noten von 1 bis 5. Schreibe bitte die jeweilige Note in das Feld. Wenn Du zu dem einen oder anderen Unternehmen keine Meinung hast oder das Unternehmen nicht kennst, schreibe bitte in die entsprechenden Felder eine Null.

Wie stark unterscheiden nun die Befragten nach den ihnen angebotenen Kriterien?

Hier gibt es zum Teil beträchtliche Unterschiede nach Alter und Geschlecht:

Männliche wie weibliche 16- bis 19jährige unterscheiden am stärksten nach dem Kriterium „Sympathie": hier liegen bei den männlichen Befragten Unternehmen wie Sony, Mercedes-Benz und Media Markt, bei den weiblichen Befragten dagegen H&M, Sony, VW und Media Markt auf den ersten Plätzen, während bei beiden Gruppen eine Versicherung das Schußlicht bildet.

Am zweitstärksten wird bei den Unternehmen unterschieden nach dem Kriterium „macht viel für die Jugend". Hier nennen die männlichen Befragten auf den ersten Plätzen Sparkasse, Sony und C&A, während bei den weiblichen Befragten hier H&M, C&A und die Sparkasse vorne liegen.

Bei den männlichen 16- bis 19jährigen folgen als weitere Kriterien „Ehrlichkeit" und „Philosophie", nach „gute Produkte bzw. Dienstleistungen" unterscheidet diese Gruppe am wenigsten. Bei den weiblichen 16- bis 19jährigen kommt dagegen dem zuletzt genannten Kriterium eine deutlich höhere Bedeutung zu.

Bei den 20- bis 29jährigen Männern ist das Kriterium „gute Produkte/Dienstleistungen" sogar das wichtigste Unterscheidungskriterium: auf den ersten Plätzen werden hier Unternehmen wie Mercedes-Benz, IBM und Sony genannt. Das Kriterium „macht viel für die Jugend" folgt auf Platz 2 (positiv hier vor allem H&M, Sony und C&A), auf Platz 3 „Sympathie" (positiv hier Sony, H&M, Mercedes-Benz). Am wenigsten unterschieden wird nach den Kriterien „Ehrlichkeit" und „Philosophie".

Weibliche 20- bis 29jährige unterscheiden am stärksten nach dem Kriterium „macht viel für die Jugend" (H&M und C&A liegen hier an der Spitze), in deutlichem Abstand gefolgt von „Sympathie" und „gute Produkte/Dienstleistungen". Nach „Philosophie" und vor allem „Ehrlichkeit" wird von dieser Gruppe am wenigsten stark unterschieden.

Von den für die Befragung ausgewählten Unternehmen werden Finanzdienstleister, vor allem Versicherungen und Großbanken, von der „Generation X" im Vergleich zu anderen Unternehmen relativ schlecht beurteilt (Ausnahme ist hier die Sparkasse), wie folgende Beispiele zeigen:

Durchschnittliche Benotung
(Noten von 1 = sehr zutreffend
bis 5 = gar nicht zutreffend)

macht viel für die Jugend

H&M	2,2
C&A	2,6
Sony	2,7
Sparkasse	2,8
Media Markt	3,1

Finanzdienstleister:	Durchschnittswert	3,3
	schlechtester Wert	3,7

Ist ehrlich, glaubwürdig

Sony	2,6
Mercedes-Benz	2,7
IBM	2,8
VW	3,0
Sparkasse	3,0

Finanzdienstleister:	Durchschnittswert	3,4
	schlechtester Wert	3,7

Durchschnittliche Benotung
(Noten von 1 = sehr zutreffend
bis 5 = gar nicht zutreffend)

Finde ich sympathisch		

Sony		2,5
H&M		2,6
VW		3,0
Media Markt		3,0
IBM		3,1
Finanzdienstleister:	Durchschnittswert	3,6
	schlechtester Wert	3,9

Hat gute Produkte bzw. Dienstleistungen		

Sony		2,0
Mercedes-Benz		2,2
IBM		2,3
VW		2,6
Media Markt		2,6
Finanzdienstleister:	Durchschnittswert	3,3
	schlechtester Wert	3,6

Durchschnittliche Benotung
(Noten von 1 = sehr zutreffend
bis 5 = gar nicht zutreffend)

Die vertreten eine Richtung,
Philosophie, die ich gut finde

Sony   3,0
H&M   3,0
Mercedes-Benz   3,1
IBM   3,3

Finanzdienstleister: Durchschnittswert   3,8
                         schlechtester Wert   3,9

Ähnlich wie später beim Thema „Lieblingsmarke" zeigt sich auch
hier, daß für ein Unternehmen, das von der „Generation X" insgesamt
möglichst positiv beurteilt werden möchte, empfehlenswert ist, hier
keine Schwerpunkte zu setzen, sondern anstreben sollte, in mehr oder
weniger allen – für die „G X" wichtigen – Einzel-Kriterien gut angesehen zu sein.

Marken-Slogan und Lebensorientierung der „G X"

Gerade solche Unternehmen, die sich intensiver mit der „Generation X" beschäftigen, stellen häufig in den Mittelpunkt ihrer Kommunikation einen Slogan, der meist eine Art Lebensorientierung vermittelt bzw. vermitteln soll. Besonders beliebt ist hier die Richtung „Let's have fun" – wohl in der festen Meinung der Marketing-Leute, daß dies doch das A und O bei dieser Zielgruppe sei. Andere Unternehmen gehen da subtiler heran, z. B. mit einem „Be yourself" oder auch einem aufmunternden „Realize your Dream" oder „Du schaffst es".

Wie ist hier die Akzeptanz der „Generation X", wie sieht tatsächlich die persönliche Orientierung aus?

Hierzu stellten wir die folgende Frage:

In der Werbung wird häufig ein Slogan, ein Motto benutzt, um Dir einen Rat, eine Orientierung für das Leben zu geben. Denke bitte mal über Dich nach: wie wichtig sind für Dein Leben folgende Aussagen, inwieweit treffen sie auf Dich zu?

Vorgegeben wurden folgende Alternativen:

➢ „Genieße den Tag", „Let's have fun"

➢ „Be yourself", „Sei einfach Dudu"

➢ „Be like your idol"

➢ „Verwirkliche Deine Träume", „You got the power", „Du schaffst es"

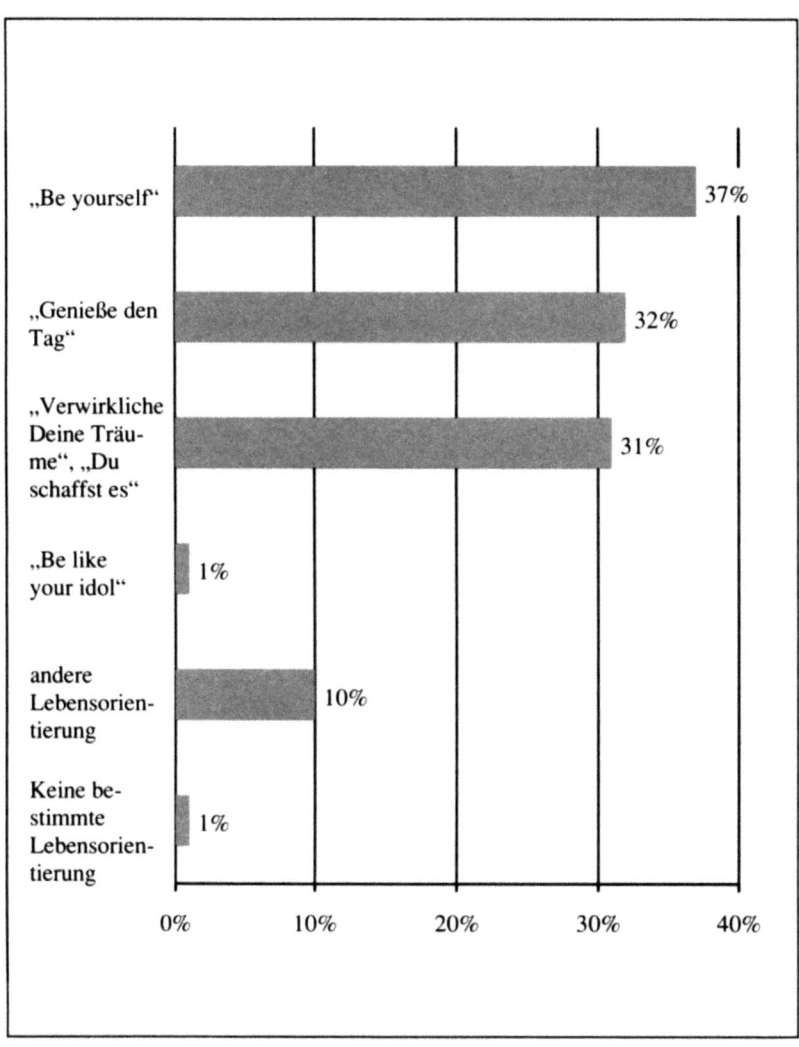

Abbildung 6: Lebensorientierungen der „Generation X"

109

Die „Fun"-Komponente hat also längst nicht den überragenden Stellenwert, den man bei der Betrachtung von Anzeigen oder TV-Spots für die Altersgruppe der 16- bis 29jährigen vermuten könnte. Vielmehr gibt es auch andere Werte im Leben der „G X". Doch wie sieht es mit Trennschärfe bzw. Überlappung dieser Orientierungs-Alternativen aus?

Hier zeigt sich folgendes Bild:

... bezeichnen ebenfalls als „sehr zutreffend":	Von denjenigen, die im Hinblick auf ihre Lebensorientierung als „sehr zutreffend" bezeichnen...		
	„Genieße den Tag"	„Be yourself"	„Verwirkliche Deinen Traum"
➢ „Genieße den Tag"	(100%)	41%	36%
➢ „Be yourself"	48%	(100%)	48%
➢ „Verwirkliche Deine Träume"	35%	40%	(100%)

Abbildung 7: Überlappung der Lebensorientierungen

Die starke Überlappung der Orientierungsalternativen entspricht der Multioptionalität der „Generation X". Eine weitere wichtige Erkenntnis: Bei dieser Zielgruppe ist zwar „Fun" nicht alles, aber alles nichts ganz ohne „Fun".

Während mit „Fun" übrigens Jüngere wie Ältere, Männer wie Frauen mehr oder weniger gleich gut anzusprechen sind, zeigen sich bei einer anderen Lebensorientierungen zum Teil deutliche Unterschiede: so ist das „Be yourself" deutlich stärker bei Frauen als bei Männern anzutreffen.

110

Ähnliche Unterschiede ergeben sich danach, aus welchem Produkt-Bereich die Lieblingsmarke des Befragten kommt:

... bezeichnen als „sehr zutreffend":	Befragte mit einer Lieblingsmarke aus Bereich			
	Jeans	Sportschuhe, -bekleidung	Bekleidung	Getränke, Snacks
➢ „Genieße den Tag"	25%	37%	33%	28%
➢ „Be yourself"	46%	24%	37%	30%
➢ „Verwirkliche Deine Träume"	35%	26%	30%	36%

Abbildung 8: Lieblingsmarke und Lebensorientierung

Die Lieblingsmarke –
und was sie auszeichnet

Eine weitere interessante Frage: Was sind die Lieblingsmarken der „G X" und – viel wichtiger – was zeichnet solche Marken aus?

Legt man der „G X" eine Liste mit 17 ausgewählten „Jugend-Marken" vor, so werden – wie Abbildung 9 zeigt – Nike und Levis auf den vorderen Plätzen genannt.

Rund 7 Prozent haben gar keine Lieblingsmarke, 28 Prozent geben an, bei diesen 17 Marken wäre tatsächlich auch „ihre" Lieblingsmarke dabei; aber immerhin 65 Prozent haben eine andere Lieblingsmarke. Fragt man diese nach dem Namen der Lieblingsmarke, so zeigt sich – wer hätte wohl etwas anderes bei der „G X" erwartet – ein sehr „atomistisches" Bild, denn es werden hier 98 (!) verschiedene Marken genannt.

Was macht es nun aus, daß Levis häufiger genannt wird als Mustang oder Lee, Nike viel eher „die" Marke ist als Adidas oder Puma?

Wir haben die befragten Jugendlichen gebeten, einzelne Marken mit folgenden Inhalten zu verbinden:

➤ „verbinde ich mit Spaß" (Kriterium A)

➤ „verbinde ich mit glaubwürdig, ehrlich" (Kriterium B)

➤ „ist wohl ein gutes Produkt" (Kriterium C)

➤ „versucht, eine Orientierung für das Leben zu geben" (Kriterium D)

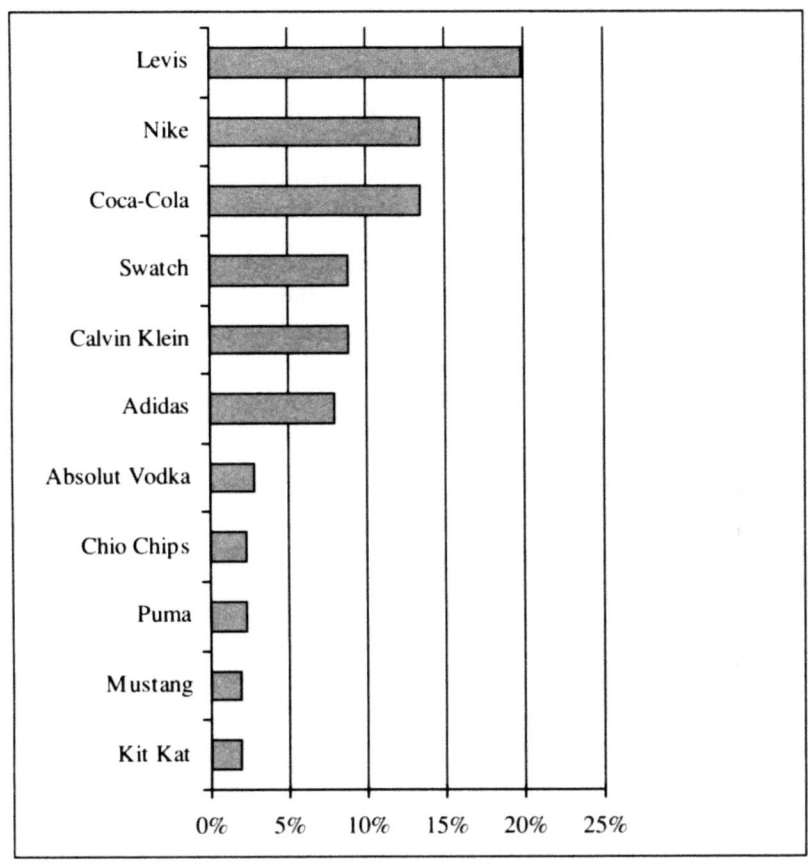

Abbildung 9: Häufigkeit der Nennung als „meine Lieblingsmarke"

Konkret stellten wir hierzu folgende Frage:

Hier ... sind eine ganze Reihe von Marken aus den unterschiedlichsten Bereichen aufgelistet. Die erste ist „Adidas". Denke nun einmal kurz über diese Marke nach, über die Werbung, Veranstaltungen, das Produkt, kurz: alles, was Dir dazu spontan einfällt, und beurteile Adidas nach den 4 Kriterien A, B, C und D (siehe oben).

Benutze dazu wieder die Noten ... 1 = sehr zutreffend, 2 = etwas zutreffend, 3 = teils, teils, 4 = weniger zutreffend, 5 = gar nicht zutreffend. ... Wenn Du zu der einen oder anderen Marke keine Meinung hast oder die Marke nicht kennst, oder wenn Du bei einer Aussage (z. B. „versucht, eine Orientierung für das Leben zu geben") zu der Marke keine Meinung hast, schreibe bitte in die Felder bzw. in das Feld eine Null.

Unabhängig von Alter und Geschlecht der Befragten wird eine relativ starke Unterscheidung nach der Zuordnung „gutes Produkt" vorgenommen. Auf Platz 1 liegen hier Nike bei den 16- bis19jährigen Männern und Levis bei allen anderen.

Die 16- bis 19jährigen Männer unterschieden die ihnen vorgelegten Marken ebenfalls sehr stark nach „Fun": auf Platz 1 rangiert hier bei ihnen Nike, gefolgt von Coca-Cola. Die Schlußlichter in der „Fun Top Seventeen" bildeten Young Collections, Mustang und Calvin Klein.

„Glaubwürdigkeit" ist der drittwichtigste Differenzierungsfaktor – ebenfalls in etwa gleich stark in allen Gruppen. Hier rangiert bei den 16- bis 19jährigen Männern wiederum Nike auf Platz 1, bei den übrigen Gruppen ist es Swatch. Negativ werden hier Marken wie Red Bull, Absolut Vodka, aber auch Young Collections (nur bei Männern!) und Pepsi (nur bei Frauen, bei Männern hat diese Marke einen mittleren Wert!) eingestuft.

„Lebensorientierung" ist generell der viertwichtigste Faktor. Deutlich wichtiger ist „Lebensorientierung" jedoch bei der Gruppe der 20- bis 29jährigen Männern: hier ist es der zweitwichtigste Differenzierungsfaktor. Welchen Marken wird hier am häufigsten ein solcher Effekt zugestanden? Bei den Männern sind es hier vor allem Nike und Coca-Cola, bei den 16- bis 19jährigen Frauen sind es Swatch und Calvin Klein, bei den 20- bis 29jährigen Frauen dagegen Young Collections und Calvin Klein.

Was macht nun die Lieblingsmarke aus: die Vermutung, hier handele es sich um ein gutes Produkt? Oder die Verbindung mit „Fun"? Oder eher „Glaubwürdigkeit" oder eine Prise „Lebensorientierung?

Bei der „Generation X" gibt es hier kein „entweder oder". Es geht hier eher nach der Ausrichtung der aus der Werbung bekannten jungen „Frau, die alles will". Mit anderen Worten: mit einer eindimensionalen Ausrichtung ist bei dieser Zielgruppe zumindest kein Spitzenplatz zu gewinnen; empfehlenswert ist hier eine Kommunikationskampagne, die möglichst auf mehreren „G X"-adäquaten Pfeilern aufbaut.

Dies wird an folgendem Beispiel deutlich: Für die männlichen 16- bis 19jährigen ist Nike (von den 17 vorgelegten Marken) ganz deutlich „die" Lieblingsmarke mit knapp 27 Prozent der Nennungen vor Adidas und Coca-Cola. Wie sehen nun die oben beschriebenen Zuordnungen aus? Nike wird am häufigsten als „gutes Produkt" bezeichnet, ist die Marke, die am stärksten mit „Fun" verbunden wird, ist am glaubwürdigsten und liegt auch beim Thema „Lebensorientierung" auf Platz 1.

Über welche Kommunikationsschienen der „G Xer" seine Lieblingsmarke wahrnimmt

So unterschiedlich und fragmentiert die „Generation X" als Gruppe ist, so unterschiedlich sind auch ihre Lieblingsmarken. Ermutigend für Unternehmen, deren Etat nicht einen mehrstelligen Millionen-Betrag aufweist: auch Marken mit kleineren Etats können zur Kultmarke mit interessanten Marktanteilen werden.

Daher haben wir in unserer „Generation X"-Untersuchung folgende Frage gestellt:

Bitte kreuze nun für Deine Lieblingsmarke an, wo Du diese schon überall angetroffen hast, wo Du von ihr schon etwas gesehen oder gehört hast.

Das Ergebnis ist Abbildung 10 zu entnehmen.

Was sind hier die wichtigsten Ergebnisse, wenn die Lieblingsmarke zu den relativ großen Marken gehört?

➢ Bei relativ großen Marken werden Kontakte zur Lieblingsmarke via Anzeigen genauso häufig genannt wie via TV-Spots (jeweils von 89 Prozent).

➢ als weitere wichtige Kommunikationsschienen folgen (in der Reihenfolge ihrer Nennhäufigkeit) Großplakate, Kontakte am PoS oder Schaufenster, Kino-Spots und PR.

➢ Insgesamt werden im Durchschnitt neun (!) verschiedene Kommunikationsschienen genannt.

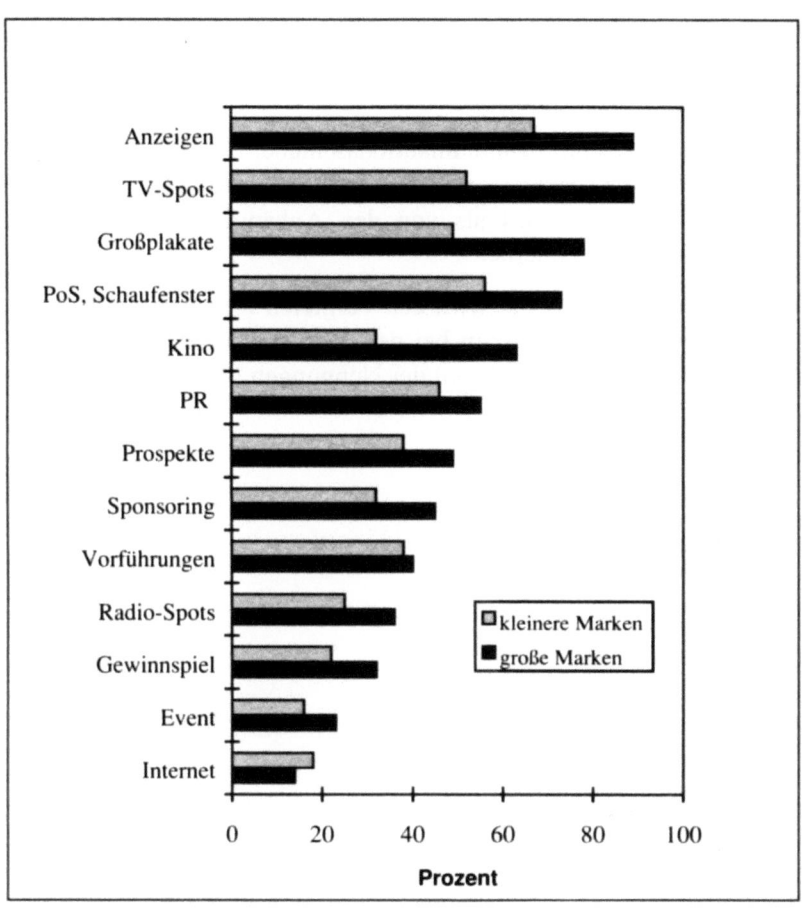

Abbildung 10: Kommunikationskontakte zur Lieblingsmarke

Und was zeichnet die Struktur der Kommunikationsschienen von relativ kleinen Lieblingsmarken aus?

➢ Dem kleineren Budget entsprechend werden generell weniger Kommunikationsschienen genannt als bei relativ großen Marken: trotzdem ist die hier im Durchschnitt genannte Zahl von sechs bis sieben Maßnahmen noch beträchtlich.

117

➢ Nun allein deutlich auf Platz 1 werden Anzeigen genannt, gefolgt von Kontakte am PoS incl. Schaufenster, TV-Spots, Großplakate und PR.

➢ Es gibt sogar eine Kommunikationsschiene, die von den Anhängern kleinerer Lieblingsmarken – trotz der geringeren Budgets – häufiger genannt wird als von den Anhängern größerer Lieblingsmarken: das Internet.

Vielleicht noch plastischer wird der Vergleich zwischen großen und kleineren Marken, wenn man bei den kleineren Marken den Blickpunkt auf die *relative* Häufigkeit der Nennungen lenkt:

Welche Kommunikationsschienen werden von Anhängern
kleinerer Marken – im Vergleich zu Anhängern größerer
Marken – relativ häufig genannt?

Relative Häufigkeit der Nennungen
der Kommunikationsschiene
Index – (Basis: Häufigkeit bei
großen Marken = 100)

➤ Internet	129
➤ Tests, Vorführungen	95
➤ PR	84
➤ Anzeigen in Szenezeitungen	79
➤ Sponsoring eines Konzertes	78
➤ Prospekte	78
➤ PoS, Schaufenster	77
➤ Anzeigen in Sportzeitungen	71
➤ Event	70

Abbildung 11:   Kommunikationsschienen mit überproportionaler
                 Bedeutung bei kleineren Marken

5. Anregungen und Tips für den kommunikativen Umgang mit der „Generation X"

Wer jetzt einige kurze Merksätze erwartet, wie mit dieser schwierigen Zielgruppe erfolgreich umzugehen sei, macht sich (immer noch) ein zu einfaches Bild von diesem schillernden, sprunghaften Wesen.

Und daraus ergibt sich

Tip 1: Viele gute Kommunikationsansätze ergeben sich direkt aus „G X"-Eigenschaften oder -defiziten

Stellen Sie sich diese „Generation X" vor, die heute A will, morgen B oder am besten alles – auch wenn sich diese Wünsche widersprechen – und dies natürlich auch noch gleichzeitig (Casio hat dies in einer G-Shock-Uhren-Anzeige kurz und prägnant auf den Nenner gebracht: „ich.alles.jetzt." (vgl. Anhang, Abbildung Q). Diese Gruppe, für die etwas Neues, was andere (noch) nicht haben, „cool" ist, und für die das Schwimmen im Main Stream eine Todsünde darstellt. Klar, daß das, was heute neu ist, durch Nachahmung Anderer (Anbieter oder Konsumenten) morgen Main Stream ist. Relativität durch die Zeitachse. Das „Don't imitate – innovate" von Hugo (Boss) hat schon seine Bedeutung! Und damit ergibt sich für die Kommunkation mit dieser Zielgruppe:

120

Tip 2: Immer Neues, Überraschendes bringen.
Nachahmen ist eine Todsünde

Die Umsetzung von Tip 2 erfordert eine neue, intensivere und konstruktivere Zusammenarbeit von Marktforschung und Kreation. Kleine, flexible Einheiten mit kurzen Wegen oder der „Allrounder" sind hier von Vorteil. Neue Trends in den USA im Freizeit- oder Konsumverhalten, aber auch in Soziologie und Politik frühzeitig zu erfahren und „richtig" zu interpretieren ist mit Sicherheit hilfreicher, als Informationen von Trendscouts zu nutzen.

Doch zurück zu unserem Anfangsproblem: wie können wir mit einer Kampagne die unzähligen Untergruppen und Szenen der „Generation X" erreichen? Wie muß der Kommunikationsansatz aussehen für diese unzähligen Zielgruppen n = 1?

Tip 3: Erheben Sie sich über die fragmentierte Realität
– nutzen Sie das Werte-Defizit, oder arbeiten Sie
mit virtuellen Welten

Kommunikationsansätze, die möglichst viele dieser zersplitterten Zielgruppen erreichen wollen, müssen sich hoch über diese fragmentierte Ist-Welt erheben. Losgelöst vom Chaos der Individualisierungs-Radikalen sollten Sie Werte-Defizite dieser Generation besetzen. Der hohe Anspruch an „Glaubwürdigkeit" heißt natürlich, diese Positionierung zusammen mit der „Generation X" auch wirklich vielfältig zu leben und zu pflegen. Auch virtuelle Welten können als „Treffpunkt" für die unterschiedlichsten Teilgruppen der „Generation X" dienen. Die Schaffung von „G X"-adäquaten Traumwelten oder von Mythen können hier ebenfalls als Klammer dienen. Doch auch hier können Nachahmer die schönste (und erst durch viel Geld erreichte) Mythos-Positionierung relativieren und schließlich gar (Indianer bei Kleidung, beim Schokoriegel, bei Jeans ... bei der 25. Marke) lächerlich machen.

Tip 4: Nutzen Sie möglichst viele Kommunikations-schienen – und vernetzen Sie diese

Die ständige Sucht des „G Xer" nach dem Neuen, Überraschenden, aber auch die vielen Untergruppierungen machen es empfehlenswert, mit möglichst vielen Kommunikationsschienen zu arbeiten, die aber sinnvoll, zum Teil auch interaktiv zu vernetzen sind. Eine Kampagne, die im wesentlichen aus TV-Spots besteht, kann den Erwartungen der „Generation X" kaum gerecht werden und ignoriert die zunehmende „Background"-Funktion des Fernsehen.

Tip 5: Nutzen Sie (auch) das Medium „Anzeige" – aber mit „G X"-adäquatem Mediaplan

Nicht nur für den Marken-Auftritt mit kleinerem Budget sind Anzeigen unverzichtbar. Neben der guten Reichweite sind hier schneller und kostengünstiger Überraschungseffekte, Motiv-Vielfalt und „Neu"-Assoziationen zu erreichen. Aber auch der Mediaplan muß kreativ und vielfältig sein: Nicht in den drei oder vier „Jugendtiteln" mit den besten Reichweiten schalten – wo sich ja auch schon alle anderen tummeln: machen Sie sich (oder Ihrer Werbeagentur) die Arbeit und gehen Sie in Szene- und Stadtzeitungen.

Tip 6: Vertrauen Sie nicht alleine auf „Fun"

Wer denkt, die „Generation X" hätte nur „Fun" im Kopf, hat vieles nicht verstanden. Setzen Sie bei Ihrer Kommunikation unbedingt auf Mehr-Dimensionalität. Andere Lebensorientierungen sind für unsere Zielgruppe häufig wichtiger als „Fun", aber auch hier ist „Fun" als begleitende Komponente ganz wichtig. Denn: „Fun" ist nicht alles, aber alles ist nichts ohne „Fun".

Tip 7: Nutzen Sie die Welt des Internet – aber richtig

Schade, daß die Reichweite des Internet noch ziemlich niedrig ist – doch immerhin hatten von denjenigen „G Xern", die eine relativ kleine Marke als „ihre" Lieblingsmarke nennen, bereits 18 Prozent Kontakt zu dieser Marke per Internet, wie unsere Umfrage gezeigt hat. Das Internet ist für unsere Zielgruppe die Kommunikationsschiene „par excellence" und kann daher auch heute schon nicht vernachlässigt werden.

Für die „Generation X" heißt Internet Freiheit, Flucht aus der Realität in virtuelle Welten, unbelastet durch die eigene Identität. Im Internet kann sich der „G Xer" verstecken und gleichzeitig Kontakt zu „denen da draußen" aufnehmen. Ein Blättern im Internet und „Betrachten" der Homepage einer Marke – selbst in Kombination mit einigen interaktiven Spielchen – reicht ihm nicht.

Für Unternehmen, Verbände, Organisationen bedeutet Internet eine wichtige – vielleicht die einzige – Möglichkeit, die Individuen der „Generation X" als Zielgruppen n = 1 anzusprechen, ein 1:1-Marketing zu praktizieren.

Tip 8: PR ist für die „G X"-Kommunikation unverzichtbar

Für im „G X"-Marketing führende Unternehmen ist PR die wichtigste Kommunikationsschiene. Hierfür gibt es viele Gründe: zum einen kann so die relativ geringe (direkte) Reichweite von Events oder Sponsoring vervielfacht werden. Zum anderen verfügen vor allem Printmedien bei unserer Zielgruppe über die so wichtige Glaubwürdigkeit und können so sehr gut zum Transport von Botschaften und Inhalten, z. B. zum Thema „Sozialarbeit vor Ort" oder „Werte-Besetzung und Umsetzung im Alltag", eingesetzt werden.

Tip 9: Gehen Sie nicht dahin, wo schon die anderen sind

Nicht vergessen: Seien Sie authentisch. Das Neue, Überraschende ist „cool", Nachahmen ist für die „G Xer" eine Todsünde. Dies betrifft Slogans, Motive, die von Ihnen belegten Medien, Events und vieles mehr.

Seien Sie mit Ihrer Kommunikation wie die „Generation X" selbst: multioptional, sprunghaft, überraschend, aber geben sie ihr *zusätzlich*, was ihr fehlt.

Wem nun das Multioptionale und Widersprüchliche, das Sprunghafte und (fast) Unberechenbare dieser Zielgruppe, die ja eigentlich aus vielen Zielgruppen besteht, doch zu anstrengend ist, dem muß wohl gesagt werden: Machen Sie sich die Arbeit, es geht kein Weg daran vorbei, falls Sie im Marketing und vor allem in der Kommunikation erfolgreich sein wollen, ob Sie im Unternehmen, im Verband oder in einem Verein arbeiten. Die Ausrede, dies sei nur eine Mode, die sicherlich schnell vorbei sei, zählt nicht. Und so sehen dies auch führende Unternehmen, die wir zu ihrer Einstellung und Reaktion auf die „Generation X" befragt haben (vgl. Abbildung 12).

Investitionen in diese Aufgabe zahlen sich mehrfach aus: zum einen werden auch die heutigen „G Xer" natürlich einmal älter, und mit hoher Wahrscheinlichkeit werden sie dann ihre Kaufentscheidungen nach einem ähnlichen Verhaltensmuster treffen wie heute. Und: es gibt auch heute schon Senioren, die – beeinflußt durch unsere Umwelt – ähnliche Verhaltensweisen aufweisen wie die „Generation X". Entsprechend spricht man hier von den „neuen Alten". Also: viel Erfolg beim Umgang mit diesem (hoffentlich nun nicht mehr so unbekannten) Wesen!

Das Multioptionale und Widersprüchliche ist ....

... der Anfang eines   ... nicht ein-
Trends, der später auch   schätzbar
andere Altersgruppen
beeinflußt   5%

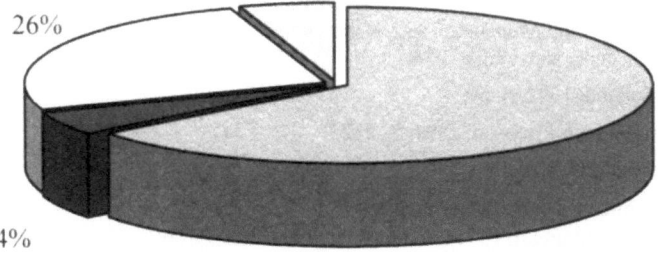

26%

4%

... eine relativ
kurzlebige Mode-
erscheinung

65%

... eine grundlegende Verän-
derung im Verbraucherver-
halten, auf die das Marketing
reagieren muß

Abbildung 12:   Einstellung führender Unternehmen zum
„neuen Verbraucher"

Anmerkungen

[1] Vgl. Belz, Zielgruppenmanagement, in: Tietz/Köhler/Zentes: Handwörterbuch des Marketing, Stuttgart, 1995, S. 2801

[2] Vgl. Meffert, Marketing, Wiesbaden, 1991, S. 32

[3] Vgl. u. a. Kroeber-Riel: Konsumentenverhalten, München, 1990; Holland: Direktmarketing, München, 1992, Hammann/Erichson: Marktforschung, Stuttgart, Jena, New York, 1994

[4] Vgl. Holland, 1992, S. 59

[5] Vgl. Hammann/Erichson, 1994, S. 222 f.

[6] Vgl. ebenda, S. 100

[7] Vgl. Leitherer, Betriebliche Marktlehre, 1. Teil, Grundlagen und Methoden , Stuttgart, 1974, zitiert in: Rogge, 1993, S. 100

[8] Vgl. Rogge, 1993, S. 98

[9] Vgl. ebenda, S. 101-105

[10] Vgl. Heller, Wie Werbung wirkt, Theorie und Tatsache, Frankfurt/Main, 1984, S. 155

[11] Vgl. ebenda, S. 156 f.

[12] Vgl. Szallies, Zwischen Luxus und kalkulierter Bescheidenheit, in: Szallies/Wiswede: Wertewandel und Konsum, Landsberg/Lech, 1990, S. 47

[13] Vgl. Rehborn 1991, zitiert in Holland, Direktmarketing, München, 1992, S. 63-65

[14] Vgl. Menzel: Die neue Unübersichtlichkeit, in der die Welt als Tollhaus erscheint, in: Frankfurter Rundschau, 24.7.95, S. 12

[15] Vgl. Naisbitt/Aburdene, Megatrends 2000, Düsseldorf, Wien, 1991, S. 153

[16] Vgl. Horx, Düsseldorf, Wien, New York, 1993, S. 179-181

[17] Vgl. Naisbitt/Aburdene, 1991, S. 154-158

[18] Vgl. Menzel, Frankfurter Rundschau, 24.7.95, S.12

[19] Vgl. Horx, 1993, S.184

[20] Vgl. Schulze, Erlebnisse vom laufenden Band, in: Absatzwirtschaft, Nr. 6, 1996, S. 38 ff.

[21] Vgl. Rode, Der Weg zum neuen Konsumenten, Wiesbaden, 1989, S. 54

[22] Vgl. ebenda

[23] Vgl. Opaschowski, Freizeit, Konsum und Lebensstil, in: Szallies/ Wiswede: Wertewandel und Konsum, Landsberg/Lech, 1990, S. 123 f.

[24] Vgl. Szallies, Zwischen Luxus und kalkulierter Bescheidenheit - der Abschied vom Otto Normalverbraucher, in: Szallies/Wiswede, 1990, S. 34

[25] Vgl. Rode, 1990, S. 54

[26] Vgl. Wiswede, Der neue Konsument im Lichte des Wertewandels, in: Szallies/Wiswede, 1989, S. 34

[27] Vgl. ebenda

[28] Vgl. Wittkowski, Der Verbraucher der neunziger Jahre: ein Vagabund, in: Frankfurter Rundschau, Nr. 34, 1995, S. 18

[29] Vgl. Rominski, Der Aldi-Käufer, in: Absatzwirtschaft, Nr. 3, 1994, S.104

[30] Vgl. Gerken, Die neue Konsumentensouveränität, in: Der neue Konsument, DM - Podiumsveranstaltung, GWP-Sonderdruck, Düsseldorf, 1987

[31] Vgl. Vaskovics, Subkulturen - ein überholtes analytisches Konzept?, in: Haller/Hoffmann-Nowotny/Zapf, Kultur und Gesellschaft., Frankfurt a.M., 1989, S. 627-638

[32] Vgl. Ziehe, Vom vorläufigen Ende der Erregung, in: Helsper, Jugend zwischen Moderne und Postmoderne, Opladen, 1991, S. 57-71

[33] Vgl. Mehler, Jugendsubkulturen und Jugendkulturen, in: Deutsche Jugend, 34. Jg., Heft 7/8, 1986, S. 304-310

[34] Vgl. Luger, Die konsumierte Rebellion, Geschichte der Jugendkultur 1945-1990, Wien, 1991

[35] Vgl. Krüger/Thole, Jugend, Freizeit und Medien, in: Handbuch der Jugendforschung, Opladen, 1993, S. 447-472

[36] Vgl. Mehler, 1986, S. 304-310

[37] Vgl. Baacke/Ferchhoff, Von den Jugendsubkulturen zu den Jugendkulturen, in: Neue Soziale Bewegungen, Nr. 2, Wiesbaden, 1995, S. 43

[38] Vgl. Baacke/ Ferchhoff, in: Neue Soziale Bewegungen, 1995, S. 43

[39] Vgl. Scherer, Jugend und soziale Bewegung, Opladen, 1988, S. 67

[40] Vgl. Opaschowski, Psychologie und Soziologie der Freizeit, Opladen, 1988, S. 161-170

[41] Vgl. Jugendwerk der Deutschen Shell: Jugend '92 - Lebenslagen, Orientierungen und Entwicklungsperspektiven im vereinigten Deutschland, Opladen 1992, Bd. 2, S. 294-322

[42] Vgl. Institut für Empirische Psychologie: Die selbstbewußte Jugend, Köln, 1992, S. 24ff

[43] Vgl. Spiegel-special-Jugendstudie '94 in: Spiegel special, November 1994, S. 62-67

[44] Vgl. ebenda

[45] Vgl. Ferchhoff, Jugendkulturen im 20. Jhd., Frankfurt/Bern/New York/ Moskau, 1990, S. 89-130

[46] Vgl. Jugendwerk der Deutschen Shell (Hrsg.), Jugend '97, Opladen 1997, S. 358

[47] Vgl. Rode, Der Weg zum neuen Konsumenten, Wiesbaden, 1989, S. 36f.

[48] Vgl. Spiegel special - Jugendstudie '94, Spiegel special, Nr. 11, Hamburg, 1994, S. 59

[49] Vgl. Janke/Niehues, Echt abgedreht - die Jugend der 90er Jahre, München, 1995, S. 14

[50] Vgl. Spiegel special- Jugendstudie'94, S. 59

[51] Vgl. Kreye, Generation X - auch die Rebellen zähmt der Markt, in: FAZ-Magazin, 15.04.94

[52] Vgl. Geus, Generation X bestimmt den Trend, in: FAZ, 23.02.95, S. 18

[53] Vgl. Verlagsgruppe Bauer, Jugend-Marktreport, Hamburg, 1992, S. 18

[54] Vgl. Verlagsgruppe Bauer, 1992, S. 18

[55] Vgl. Schüler Mediaanalyse 1993

[56] Vgl. Ehm, Das ewige Problem mit der Jugend in: W&V, Heft Nr. 22, 1996, S. 62

[57] Vgl. Spiegel special - Jugendstudie, 1994, S. 57

[58] Vgl. Drosten, Einstieg ins Szenenmarketing, in: Absatzwirtschaft, Nr. 12, Düsseldorf, 1994, S. 34-40

[59] Vgl. Leo, Generation X ist viel besser als ihr Ruf, in: Horizont, 16.6.1995, S. 28

[60] Vgl. Janke/Niehues, 1995, S. 138f.

[61] Vgl. Janke/Niehues: Echt abgedreht - die Jugend der 90er Jahre, München, 1995, S. 17

[62] Vgl. Shell-Studie, Jugend '97, a.a.O., S. 350

[63] Vgl. u. a. Lau, Vom Partisanen zum „Party-sanen", in: Frankfurter Rundschau, 18.7.95, S. 12

[64] Vgl. Serie: Jugendszene Deutschland - Unsere Nächte sind bunter als eure Tage, in: Stern, Heft 2, Hamburg, 1996, S. 38-70

[65] Vgl. Schulze, Erlebnisse vom laufenden Band, in: Absatzwirtschaft, Heft 6, 1996, S. 38-40

[66] Vgl. Drosten, Einstieg ins Szenen- Marketing, in: Absatzwirtschaft, Nr. 12, 1994, S. 39

[67] Vgl. Spiegel-Jugendstudie, in: Spiegel special, November 1994, S. 61

[68] Vgl. Suntinger, Zwischen Trödelmarkt und Cyberspace, in: W&V, Nr. 24, 1995, S. 70

[69] Vgl. Janke/Niehues, 1995, S. 73f.

[70] Vgl. ebenda

[71] Vgl. o.V.: Die Ästhetik der Armut, in: Textil-Wirtschaft, 25.04.1996, S. 52-55

[72] Vgl. Spiegel-Dokumentation „Outfit 3", Hamburg, 1994, S. 22-320

[73] Vgl. Spiegel-Jugendstudie, in: Spiegel special, 1994, S. 61

[74] Vgl. „Outfit 3" 1994, S. 210

[75] Berg/Kiefer (Hrsg.), Massenkommunikation V, Baden-Baden, 1996, S. 75f.

[76] Vgl. ebenda, S. 44

[77] Anmerkung: Das Budget an häuslicher Freizeit ist trotzdem das niedrigste aller Altersgrupen, vgl. ebenda, S. 120 f.

[78] Vgl. ebenda, S. 257f.

[79] Vgl. ebenda, S. 276f.

[80] Frielingsdorf/Haas in: Mediaperspektiven, Heft 7/95, S. 336

[81] Vgl. Massenkommunikation V, S. 123

[82] Vgl. ebenda, S. 63

[83] Vgl. ebenda, S. 280

[84] Media Perspektiven, 7/95, S. 338f.

[85] Vgl. Massenkommunikation V, S. 277

[86] Vgl. Mikos, Selbstreflexive Bilderflut - zur kulturellen Bedeutung des Musikkanals MTV, in: Medien Praktisch, Heft 4/93, S. 17

[87] Vgl. Achternich, Popsender gehen in die Provinz, in: Horizont Nr. 22, 1997, S. 76

[88] Vgl. ebenda.

[89] MA '97

[90] ARD Jahrbücher: '94, S. 71ff / '96, S. 190 / '97, S. 168-377

[91] Vgl. Massenkommunikation V, S. 291

[92] Vgl. Bauer, Jugend und Tageszeitung, in: Media Perspektiven, Heft 1/96, S. 8ff.

[93] Vgl. Vogel, Die Leserschaft der populären Jugendpresse, in: Media Perspektiven, Heft 1/96, S. 18ff.

[94] Vgl. Löwe, Alles Gute kommt von unten, in: W&V, Nr. 43/96, S. 119ff.

[95] „Internet bleibt Nebensache ohne große Nachfrage", Frankfurter Rundschau, 22.10.97

[96] „Daten aus dem Stromnetz sollen Schub bringen", ebd.

[97] „Neue deutsche Online-Kultur", in: Konrad, Heft 1/97, S. 120ff.

[98] Vgl. Grünewald, Jugend '96: Schmerzlos im Paralleluniversum, IFM Köln (Rheingold), Heft 2/96

[99] Anmerkung: einige Bücher sind z. B. hypertextuell, wenn sie viele Verweise enthalten, die den Leser in einen anderen Abschnitt oder einen anderen Band dirigieren (Enzyklopädien)

[100] Vgl.: Bolter, „Das Internet in der Geschichte der Technologien des Schreibens", in: Roesler/Münker (Hrsg.), Mythos Internet, Frankfurt/Main 1997, S. 40ff.

[101] Vgl. Sandbothe „Interaktivität - Hypertextualität - Transversalität, eine medienphilosophische Analyse des Internet" in: Münker/Roesler (Hrsg.), Mythos Internet, Frankfurt/Main 1997, S. 50ff.

[102] Vgl. ebd.

[103] Vgl. Popcorn/Marigold, Clicking - der neue Popcorn Report, München 1996, S. 52ff.

[104] Münker/Roesler: Mythos Internet, a.a.O., S. 7ff.

[105] Vgl. Kroeber-Riel, Konsumentenverhalten, München 1990, S. 120

[106] ebenda.

[107] Vgl. Weinberg, Erlebnismarketing, München 1992, S. 3-5.

[108] Vgl. „Outfit 3"-Studie, 1995, S. 320f.

[109] Telefonat mit Thorsten Rolfes, Öffentlichkeitsarbeit bei C&A

[110] Telefonate mit Herrn Bochert, Marketing C&A und Herrn Rolfes, Öffentlichkeitsarbeit, C&A

[111] Vgl. o. V., Aus C&A ist ein Erlebniskaufhaus geworden, in: Frankfurter Rundschau, 25.3.96, S. 19

[112] Vgl. Eröffnungsprospekt Karstadt Stadtmitte/Karstadt Bahnhof

[113] Telefonate mit Herrn Mohnfeld, Marketing Karstadt, Essen und Geschäftsleitung Karstadt, Stuttgart

[114] Anm.: Vertibiking = neue Trendsportart: durch die normale Pedalbewegung kann man, an einem senkrecht hängenden Seil befestigt, bis zu 30 m in die Höhe fahren

[115] Vgl. o. V.: Der Fight gegen den Fürsten der Finsternis, in: Horizont, Heft 5, 1996, S. 36

[116] Vgl. Mustang GmbH, JAM - das Konzept, Künzelsau/Obertshausen, 1994

[117] Sportswear International, Heft 9/97, News, S. 19

[118] Sport + Mode, Heft 7/96, S. 20

[119] Presseinfos Overlook

[120] Vgl. Ahrens, Zweitnutzen mit Erinnerungseffekt, in: W&V, Nr. 18, 1994, S. 68f

[121] Vgl. Kroeber-Riel, Konsumentenverhalten, München, 1990, S. 124

[122] Vgl. ebenda

[123] Vgl. Kroeber-Riel, 1990, S. 124f.

[124] Vgl. Tauchnitz, Werbung mit Musik, Heidelberg, 1990, S. 94f.

[125] Vgl. Tauchnitz, 1990, S. 4

[126] Vgl. Ahrens: Zweitnutzen ..., in: W&V, Nr. 18, 1994, S. 68f.

[127] Vgl. Clemens, Botschaften im Takt der Musik, in: Lebensmittelzeitung, 6.10.1995, S. 42

[128] Vgl. Clemens, Lebensmittelzeitung, 6.10.95, S. 42

[129] Vgl. ebenda

[130] Vgl. Spieß, Kreatives Marketing für Multimedia-Kids, in: Horizont, Heft 7, 1996, S. 28

[131] Vgl. Tietz, Die Werbung - Handbuch der Kommunikations- und Werbewirtschaft, Landsberg am Lech, 1981, S. 96f.

[132] Vgl. ebenda

[133] Vgl. Gerken, Die Fraktale Marke, Düsseldorf, Wien, New York, 1994, S. 403-405

[134] Vgl. ebenda, S. 408

[135] Vgl. ebenda

[136] Vgl. ebenda, S. 408

[137] Vgl. ebenda, S. 417-419

[138] Vgl. Allmaier, Alle im selben Boot, in: FAZ, 13.07.96, S. 29

[139] Vgl. Spiegel special Jugendstudie, Nov. 1994, S. 59-68

[140] Vgl. ebenda

[141] Vgl. Janke/Niehues, 1995, S. 137

[142] Vgl. Spiegel special Jugendstudie, 1994, S. 59-68

[143] Vgl. Lintas, Hamburg: Yoyo 3, 1996, S. 3

[144] Vgl. o. V.: Deutschländer Süppchen, in: Absatzwirtschaft, Heft Nr. 3, 1996, S. 9

[145] Vgl. Jugendwerk der Deutschen Shell, 1992, S. 159

[146] Vgl. Baldauf, Snowboard rangiert vor Ski, (Quelle: MA 97) in: Horizont Nr. 22, 1997, S. 78

[147] Vgl. ebenda (Quelle: Sport + Markt)

[148] Vgl. Lintas-Studie, „YOYO 3", 1995, S. 8

[149] Vgl. „Outfit 3", 1994, S. 328

[150] Vgl. Lintas, „YOYO 3", S. 6f.

[151] Vgl. ebenda

[152] Vgl. Janke/Niehues, 1995, S. 83

[153] Vgl. Lasch bei Opaschowski, Freizeitökonomie - Marketing von Erlebniswelten, Opladen, 1993, S. 226

[154] Vgl. Opaschowski, 1993, S. 209

[155] Vgl. Herhoffer, Sport für das Image, in: W&V, Nr. 50, 1994, S. 86

[156] Vgl. Janke/Niehues, 1995, S. 83-85

[157] Vgl. Herhoffer, in W&V, 1994

[158] Vgl. Geschäftsbericht SMH, Swatch-Studentenguide

[159] Vgl. Lohre, Generation X auf der Suche nach Thrill, in: Horizont Nr. 22, 1997, S. 70

[160] Seidl, in „Lost in Spice", Stern, Heft 45/97, S. 43ff.

[161] Vgl. o. V.: Vernetzte Vkf-Strategien setzen sich durch, in: Horizont, Nr. 7, 1996, S. 24

[162] Vgl. Gotta, Sponsoring - Zauberwort heißt Vernetzung, in: Horizont, Nr. 7, 1996, S. 20

[163] Vgl. o. V.: Sponsoring für sich allein macht keinen Sinn mehr, in: Horizont, Nr. 5, 1996, S. 1

[164] Vgl. Gerken, Die Fraktale Marke, Düsseldorf, Wien, New York, Moskau, 1994, S. 150 -156

[165] Vgl. ebenda

Literaturverzeichnis

Bücher

BELZ, C., Zielgruppenmanagement, in: Tietz, B. / Köhler, R. / Zentes, J. (Hrsg.): Handwörterbuch des Marketing, Stuttgart, 1995

BERG, K. / KIEFER, M.-L. (Hrsg.), Massenkommunikation V, Baden-Baden 1996

FERCHHOFF, W., Jugendkulturen im 20. Jahrhundert, Frankfurt/M., Bern, New York, Moskau, 1990

GERKEN, G. Die Fraktale Marke, Düsseldorf, Wien, New York, Moskau, 1994

HALLER, M. / HOFFMANN-NOWOTNY, H.J. / ZAPF, W., Kultur und Gesellschaft, Tagungsband u. a. des 24. Deutschen Soziologentages in Zürich, Frankfurt/M., New York, 1989

HAMMAN, P. / ERICHSON, B., Marktforschung, Stuttgart, Jena, New York, 1994

HELLER, E., Wie Werbung wirkt: Theorien und Tatsachen, Frankfurt/M., 1984

HOLLAND, H., Direktmarketing, München, 1992

HORX, M., Trendbuch, Düsseldorf, Wien, New York, Moskau, 1993

JANKE, K. / NIEHUES, S., Echt abgedreht - die Jugend der 90er Jahre, München, 1995

KROEBER-RIEL, W., Konsumentenverhalten, München, 1990

KRÜGER H.-H. / THOLE, W., Jugend, Freizeit und Medien , in: Krüger H.-H.: Handbuch der Jugendforschung, Opladen, 1993

LUGER, K., Die konsumierte Rebellion, Geschichte der Jugendkultur 1945-1990, Wien, 1991

MEFFERT, H., Marketing, Wiesbaden, 1991

NAISBITT, J. / ABURDENE, P., Megatrends 2000, Düsseldorf, Wien, 1991

OPASCHOWSKI, H., Psychologie und Soziologie der Freizeit, Opladen, 1988

OPASCHOWSKI, H., Freizeitökonomie: Marketing von Erlebniswelten, Opladen, 1993

OPASCHOWSKI, H., Freizeit, Konsum und Lebensstil, in: Szallies, R. / Wiswede, G.: Wertewandel und Konsum, Landsberg/Lech, 1990

POPCORN, F. / MARIGOLD, L., Clicking - der neue Popcorn-Report, München 1996

RODE, F. A., Der Weg zum neuen Konsumenten, Wiesbaden, 1989

ROESLER, A. / MÜNKER, S. (Hrsg.), Mythos Internet, Frankfurt/ Main 1997

ROGGE, H. J., Werbung, Ludwigshafen, 1993

SCHERER, K.-J., Jugend und soziale Bewegung, Opladen, 1988

SZALLIES, R., Zwischen Luxus und kalkulierter Bescheidenheit - der Abschied vom Otto Normalverbraucher, in: Szallies, R. / Wiswede, G.: Wertewandel und Konsum, Landsberg/ Lech, 1990

TAUCHNITZ, J., Werbung mit Musik, Heidelberg, 1990

TIETZ, B., Die Werbung - Handbuch der Kommunikations- und Werbewirtschaft, Landsberg/Lech, 1990

VASKOVICS, L. A., Subkulturen - ein überholtes analytisches Konzept? in: Haller, M. / Hoffmann-Nowotny, H.-J. / Zapf, W.: Kultur und Gesellschaft, Tagungsband u. a. des 24. Deutschen Soziologentages in Zürich, Frankfurt/M., New York, 1989

WEINBERG, P., Erlebnismarketing, München, 1992

WISWEDE, G., Der neue Konsument im Lichte des Wertewandels, in: Szallies, R. / Wiswede, G.: Wertewandel und Konsum, Landsberg/Lech, 1990

ZIEHE, T., Vom vorläufigen Ende der Erregung. Die Normalität kultureller Modernisierungen hat die Subkulturen entmächtigt, in: Helsper, W. (Hrsg.): Jugend zwischen Moderne und Postmoderne, Opladen, 1991

Fachzeitschriften und Zeitungen

ACHTERNICH, C., Popsender gehen in die Provinz, in: Horizont, Nr. 22, 1997

AHRENS, A., Zweitnutzung als Erinnerungseffekt, in: W&V, Nr. 18, München, 1994

ALLMAIER, M., Alle im selben Boot, in: Frankfurter Allgemeine Zeitung - Feuilleton, Frankfurt, 13.07.96

BAACKE, D. / FERCHHOFF, W., Von den Jugendsubkulturen zu den Jugendkulturen, in: Neue Soziale Bewegungen , Forschungsjournal, Nr. 2. Frankfurt, Juni 1995.

BALDAUF, S., Snowboard rangiert vor Ski, in: Horizont, Nr. 22, 1997

BAUER, I., Jugend und Tageszeitung, in: Media Perspektiven, Heft 1/96

BOBERG, J., Nike-Kampagne, in: Novum, Forum für Kommunikationsdesign, Nr. 5, München, 1996

CLEMENS, B., Botschaften im Takt der Musik, in: Lebensmittelzeitung, 06.10.95

DROSTEN, M., Einstieg ins Szenenmarketing, in: Absatzwirtschaft, Nr. 12, Düsseldorf, 1994

EHM, P., Das ewige Problem mit der Jugend, in: W&V, Nr. 22, München, 1996

GEUS, T., Generation X bestimmt den Trend, in: Frankfurter Allgemeine Zeitung, Frankfurt, 23.02.95

GOTTA, M., Sponsoring - Zauberwort heißt Vernetzung, in: Horizont, Nr.7, Frankfurt/M., 1996

HERHOFFER, P.-A., Sport für das Image, in: W&V, Nr. 50, München, 1994

KREYE, A., Generation X - Auch die Rebellen zähmt der Markt, in: Frankfurter Allgemeine Zeitung - Magazin, Frankfurt, 15.04.94

LAU, T., Vom Partisanen zu "Party-sanen", in: Frankfurter Rundschau, Frankfurt, 18.07.95

LEO, A., Generation X ist viel besser als ihr Ruf, in: Horizont, Frankfurt, 16.06.95

LÖWE, E., Alles Gute kommt von unten, in: W&V, Nr. 43/96

MEHLER, F., Jugendsubkulturen und Jugendkulturen, zur problematischen Rezeption englischer Forschungsberichte, in: Deutsche Jugend, Nr. 7/8, 1986

MENZEL, U., Die neue Unübersichtlichkeit, in der die Welt als Tollhaus erscheint, in: Frankfurter Rundschau, Frankfurt, 24.07.95

MIKOS, L., Selbstreflexive Bilderflut - zur kulturellen Bedeutung des Musikkanals MTV, in: Medien Praktisch, Heft 4/1993

MÜLLER, S., Zwischen Medien- und Marktrealität, in: Absatzwirtschaft, Nr. 12, 1995

O.V., Aus C&A ist ein Erlebniskaufhaus geworden , in: Frankfurter Rundschau, Frankfurt, 25.03.96

O.V., Daten aus dem Stromnetz, in: Frankfurter Rundschau, 22.10.97

O V., Der Fight gegen den Fürsten der Finsternis, in: Horizont, Nr. 5, Frankfurt, 1996

O.V., Deutschländer Süppchen, in: Absatzwirtschaft, Nr. 3, Düsseldorf, 1996

O.V., Die Ästhetik der Armut, in: Textil -Wirtschaft, Frankfurt, 25.04.96.

O.V., Internet bleibt Nebensache ohne große Nachfrage, in: Frankfurter Rundschau, 22.10.97

O.V., Neue deutsche Online-Kultur, in: Konrad, Heft 1/97

O.V., Serie „Jugendszene Deutschland - Unsere Nächte sind bunter als eure Tage, in: Stern, Heft 2, Hamburg 1996

O.V., Sponsoring für sich allein macht keinen Sinn mehr, in: Horizont, Nr. 5, Frankfurt, 1996

O. V., Vernetzte Vkf-Strategien setzen sich durch, in: Horizont, Nr. 7, Frankfurt, 1996

ROMINSKI, D., Der Aldi-Käufer, in: Absatzwirtschaft, Nr. 3, Düsseldorf, 1994

SCHULZE, G., Erlebnisse vom laufenden Band, in Absatzwirtschaft, Nr. 6, Düsseldorf, 1996

SPIEß, B., Kreatives Marketing für Multimedia-Kids, in: Horizont, Nr. 7, Frankfurt, 1996

SUNTINGER, H., Zwischen Trödelmarkt und Cyber-Space, in: W&V, Nr. 24, München, 1995

VOGEL, A., Die Leserschaft der populären Jugendpresse, in: Media Perspektiven, Heft 1/96

WITTKOWSKI, B., Der Verbraucher der neunziger Jahre, ein Vagabund, in: Frankfurter Rundschau, Frankfurt, 24.05.95

Sonstiges

ARD-JAHRBÜCHER 1994

BEHNKEN, I. U. A., Schülerstudie '90, Jugendliche im Prozeß der Vereinigung, Weinheim und München, 1992

GERKEN, G., Der neue Konsument, in: DM-Podiumsveranstaltung, GWP-Sonderdruck, Düsseldorf, 1987

GRÜNEWALD, S., Jugend '96: Schmerzlos im Paralleluniversum, IFM Köln (Rheingold), 2/96

IJF - Institut für Jugendforschung, Die Macht der Clique. Die "Peer Group", München, 1993

INSTITUT FÜR EMPIRISCHE PSYCHOLOGIE, Die selbstbewußte Jugend, Köln, 1992

JUGENDWERK DER DEUTSCHEN SHELL, Jugend '92, Lebenslagen, Orientierungen und Entwicklungsperspektiven im vereinigten Deutschland, Opladen, 1992

JUGENDWERK DER DEUTSCHEN SHELL, Jugend '97, Zukunftsperspektiven, Gesellschaftliches Engagement, Politische Orientierungen, Opladen 1997

LINTAS, Jugendstudie: YOYO 3 - Die Egotaktiker und ihr Bodylemma - Gene gegen Geist, Hamburg, 1995

MUSTANG, JAM- Jeans and Music, Musikmarketing made in MUSTANG - Das Konzept, die Bausteine, die Partner, Künzelsau, 1994

SCHÜLER-MEDIA-ANALYSE 1993

SMH - Geschäftsbericht '95

SMH, Swatch-Studentenguide, 1994

SPIELGEL-VERLAG, Spiegeldokumentation, Outfit 3, Hamburg, 1994

SPIEGEL-VERLAG (HRSG.), Spiegel-special-Jugendstudie '94, Hamburg, 1994

STERN-SERIE, Jugend '96 - Unsere Nächte sind bunter als eure Tage, Stern, Nr. 2, Hamburg, 1996

VERLAGSGRUPPE BAUER, Jugend - Marktreport. Die Jugend als Verbraucher in verschiedenen Märkte, Hamburg, 1992

Anhang

Abbildung A 1:   Volkswagen Bank, Volkswagen Leasing; Anzeige,
                 gesehen in: Hai-Lights, März 1998,
                 Quelle: Volkswagen Leasing GmbH

Abbildung A 2: Volkswagen Bank, Volkswagen Leasing, Anzeige, gesehen in: Uni Compact, März/April 1998, Quelle: Volkswagen Leasing GmbH

Abbildung B: Raveline, Titelseite (3/98),
                    Quelle: A.E.C. Geronimo Verlag GmbH

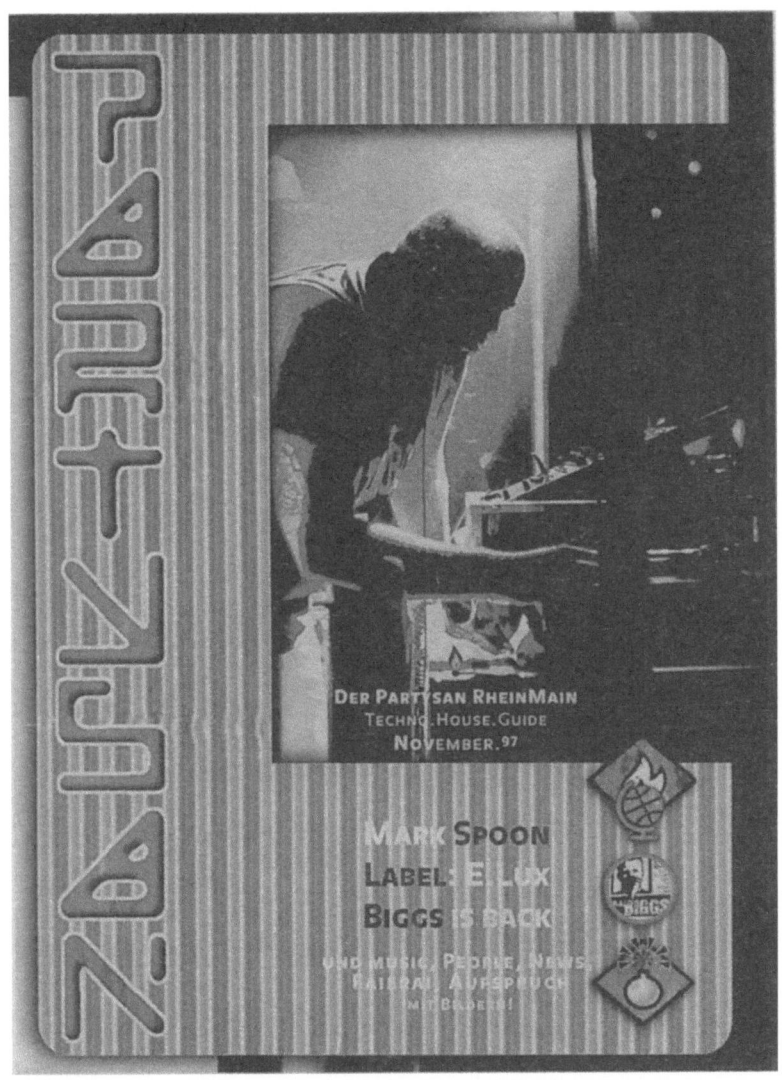

Abbildung C: Der Partysan RheinMain, Titelseite,
                Quelle: Partysanen Veranstaltungen + Verlag

Abbildung D 1: C&A, Schaufenster Young Collections „Indian Spirits",
Quelle: C&A Services Marketing

144

Abbildung D 2:   C&A, Anzeigenmotiv „True Stories",
                 Quelle: C&A Services Marketing

Abbildung: D 3: C&A, Schaufenster
Young Collections „True Stories",
Quelle: C&A Services Marketing

Abbildung D 4: C&A, Ladengestaltung
Young Collections „True Stories",
Quelle: C&A Services Marketing

Abbildung D 5: C&A, Ladengestaltung
Young Collections „True Stories",
Quelle: C&A Services Marketing

Abbildung E 1:   Karstadt, Stuttgart, am Bahnhof,
                 Einladungs-Folder zur Eröffnung,
                 Quelle: Karstadt AG

Abbildung E 2: Karstadt, Gießen, „Unity P", Eingang,
Quelle: Karstadt AG

Abbildung E 3:   Karstadt, Gießen, „Unity P", Ladengestaltung,
Quelle: Karstadt AG

Abbildung E 4:   Karstadt, Gießen, „Unity P", Ladengestaltung,
                 Quelle: Karstadt AG

Abbildung E 5:   Karstadt, Gießen, „Unity P", Ladengestaltung,
                        Quelle: Karstadt AG

Abbildung E 6:   Karstadt, Gießen, „Unity P", Ladengestaltung,
                 Quelle: Karstadt AG

Abbildung F 1:   Karlsberg, „Desperados", Sales Folder,
                  Quelle: Karlsberg Brauerei KG Weber

Abbildung F 2: Karlsberg, „Mixery", Sales Folder,
Quelle: Karlsberg Brauerei KG Weber

156

Abbildung F 3:   Karlsberg, „Ballermann 6", Sales Folder,
Quelle: Karlsberg Brauerei KG Weber

157

Abbildung F 4: Karlsberg, Longdrinks, Anzeige, gesehen in: Fritz,
Stadtmagazin Mainz-Wiesbaden, Nr. 3/98
Quelle: Karlsberg Brauerei KG Weber

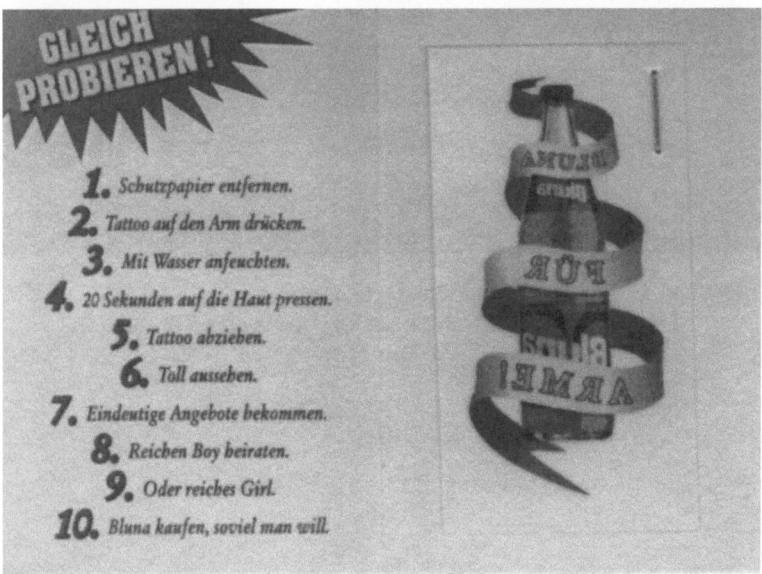

Abbildung G 1:   Bluna, Foto mit Tattoo zum Aufkleben
Quelle: Mineralbrunnen Überkingen-Teinach AG

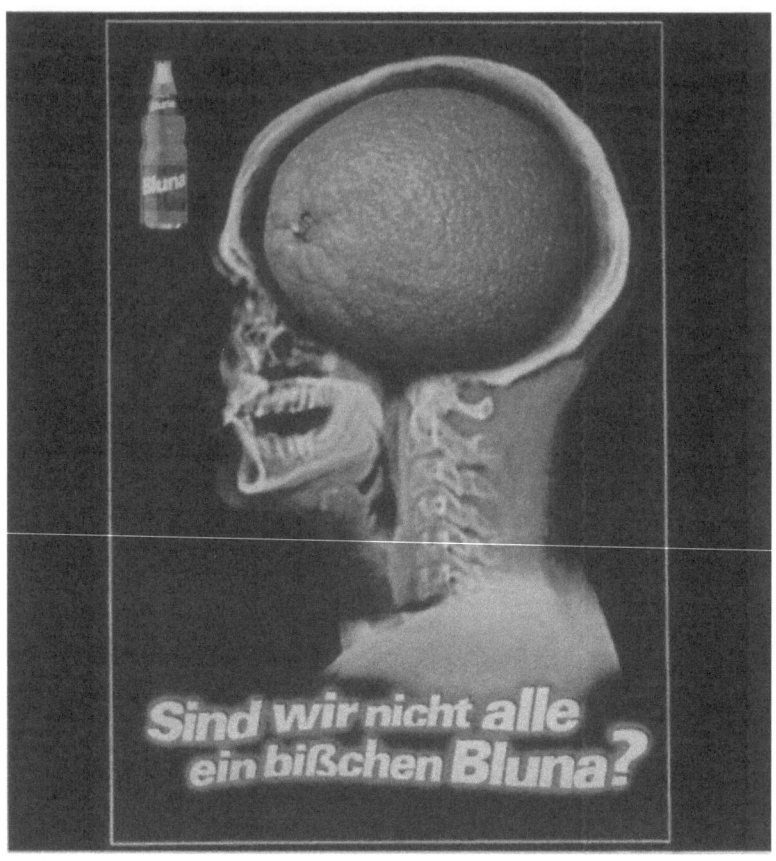

Abbildung G 2: Bluna, Anzeige, Foto: Bluna
Quelle: Mineralbrunnen Überkingen-Teinach AG

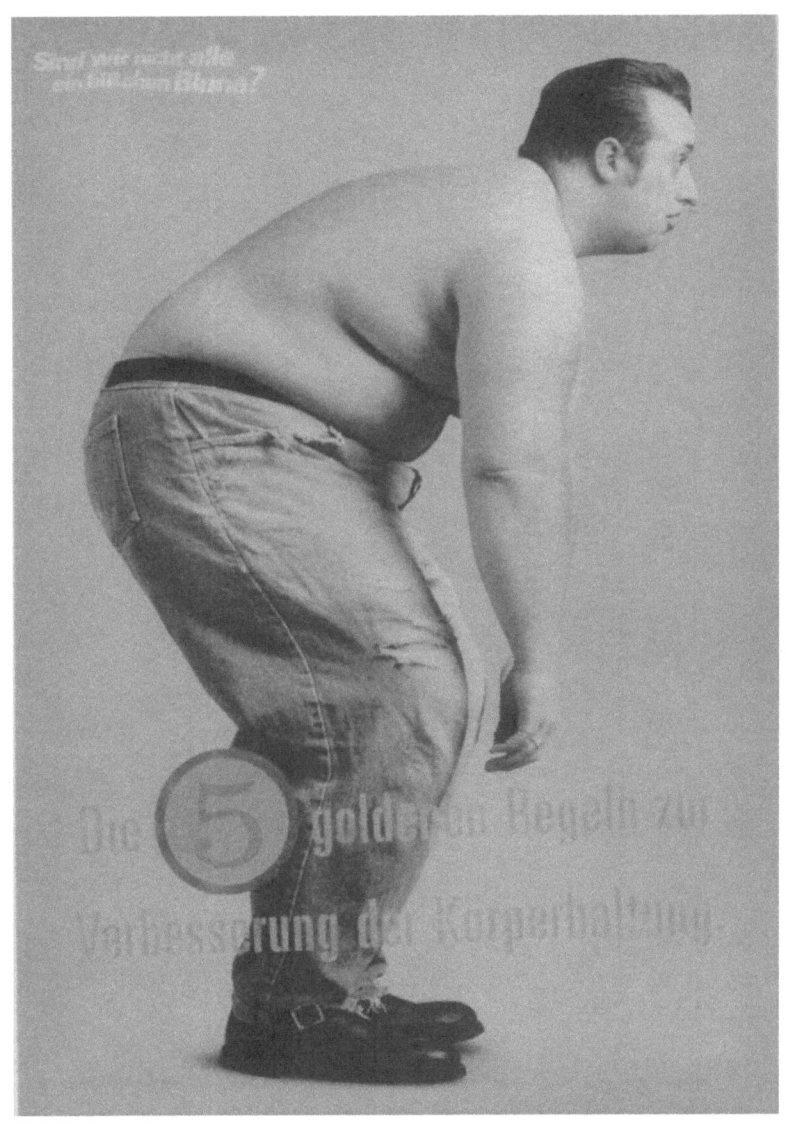

Abbildung G 3:   Bluna, Print-Werbung zur Bluna-Kollektion, Foto: Bluna
                      Quelle: Mineralbrunnen Überkingen-Teinach AG

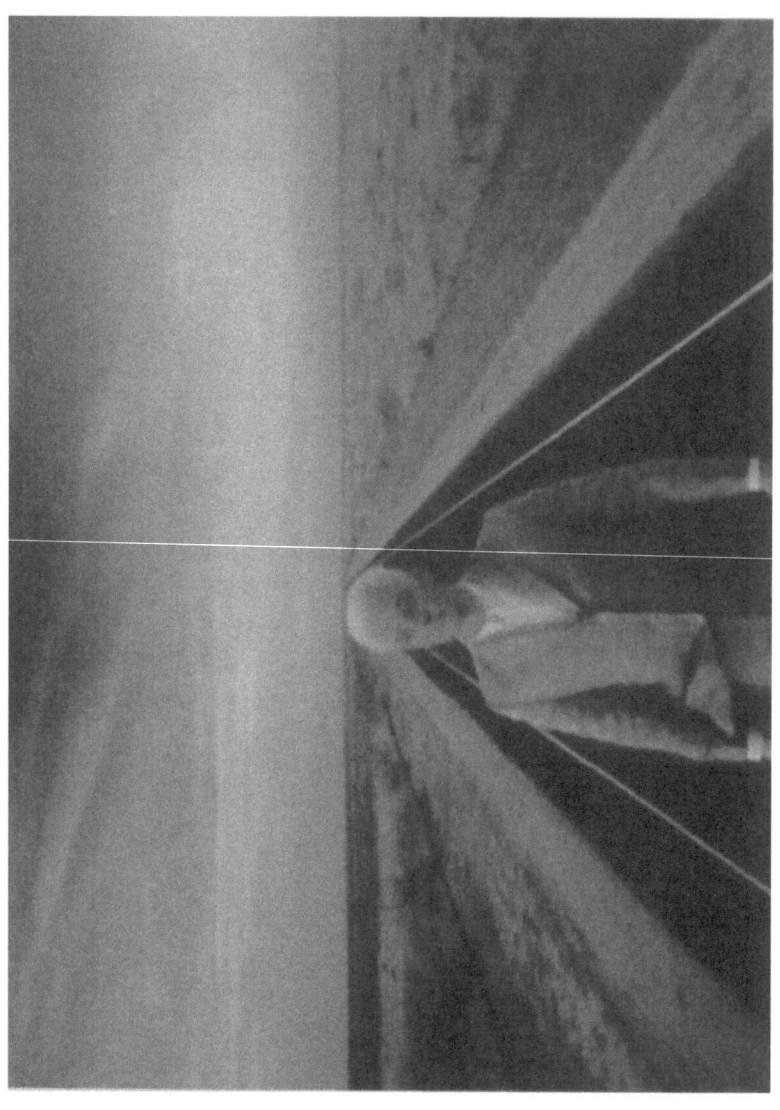

Abbildung G 4:   Bluna, TV-Spot, Foto: Bluna
                      Quelle: Mineralbrunnen Überkingen-Teinach AG

Abbildung G 5, Bluna, TV-Spot, Foto: Bluna
            Quelle: Mineralbrunnen Überkingen-Teinach AG

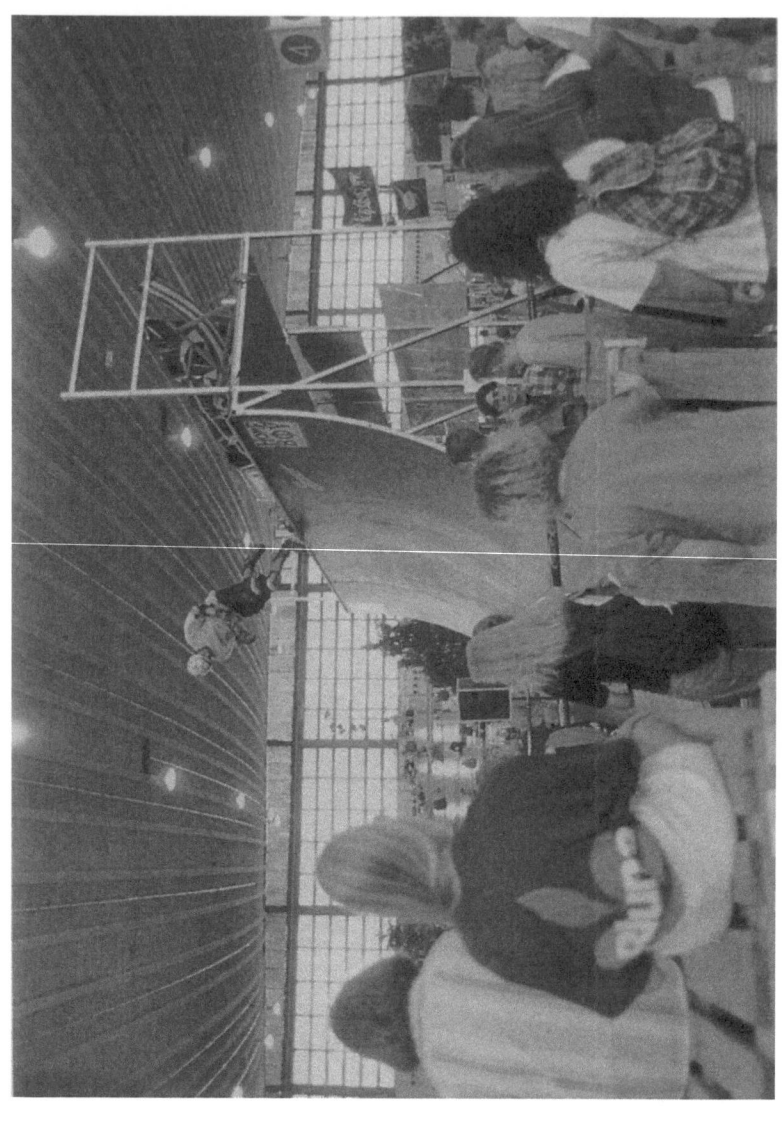

Abbildung G 6:   Bluna, Trend-Sport-Event: Inlineskater, Foto: Bluna
Quelle: Mineralbrunnen Überkingen-Teinach AG

Abbildung G 7:   Bluna, Trend-Sport-Event: Vertibiking, Foto: Bluna
                 Quelle: Mineralbrunnen Überkingen-Teinach AG

Abbildung G 8:   Bluna, Graffiti-Wettbewerb, Foto: Bluna
Quelle: Mineralbrunnen Überkingen-Teinach AG

Abbildung H 1:   Nike, Anzeige,
                 Quelle: Nike Deutschland

24 km, 59th Street Brücke
Die größte Steigung im Rennen.
New York City Marathon

Abbildung H 2:   Nike, Anzeige,
                 Quelle: Nike Deutschland

168

Abbildung H 3:   Nike, Anzeige,
                 Quelle: Nike Deutschland

Abbildung H 4:   Nike, Anzeige,
                     Quelle: Nike Deutschland

Abbildung H 5:   Nike, Anzeige,
                         Quelle: Nike Deutschland

Abbildung H 6:　Nike, Sales Folder,
　　　　　　　　Quelle: Nike Deutschland

172

Abbildung I 1:   Homeboy, Kollektion,
                        Quelle: Over Look Textil GmbH

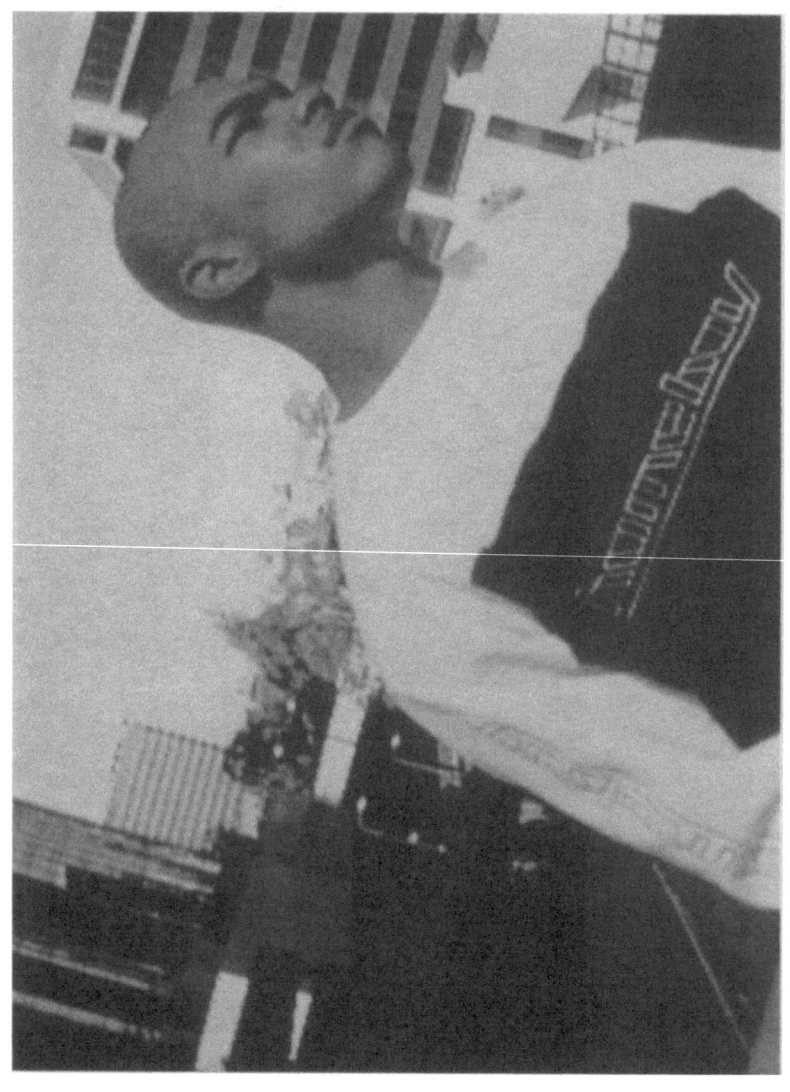

Abbildung I 2:   Homeboy, Kollektion,
                  Quelle: Over Look Textil GmbH

Abbildung K: Kurt Schwitters und Theo van Doesburg: Programm
und Einladung zu „Dada-Revon", Hannover, 20. Sep-
tember 1922, © VG Bild-Kunst, Bonn 1998,
Quelle: Korte, Hermann, Die Dadaisten, Reinbek bei
Hamburg 1994

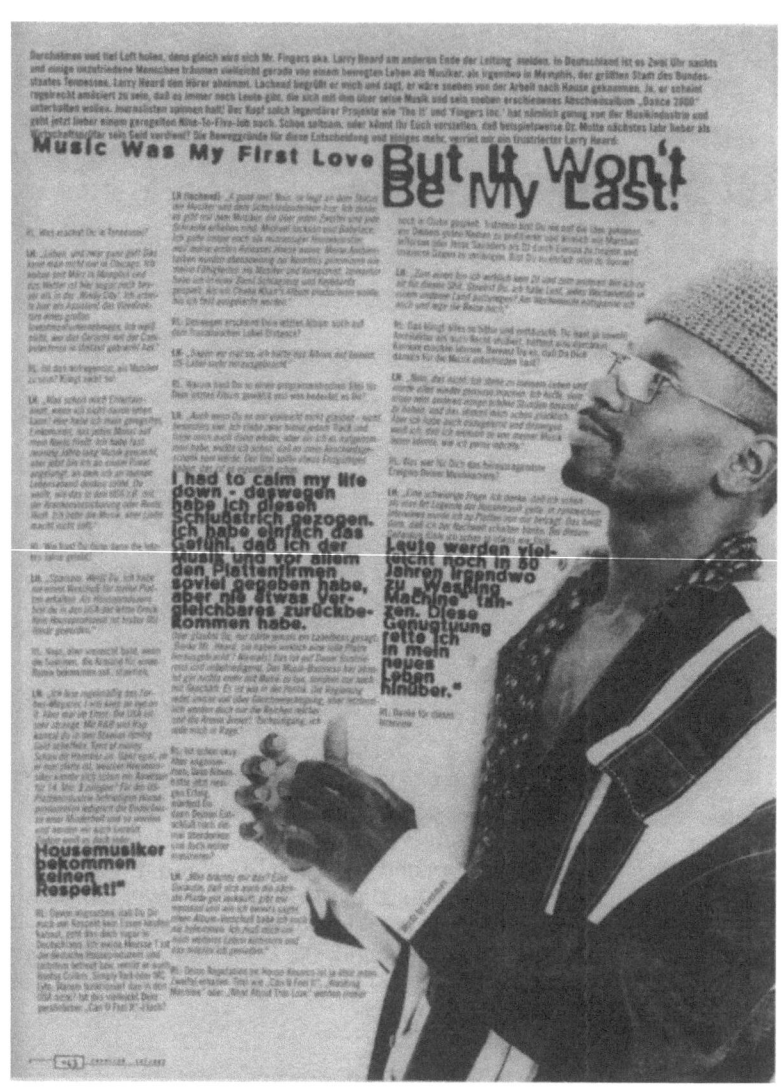

Abbildung L 1:   Innenseite aus „Raveline" Nr. 12/97,
Quelle: A.E.C. Geronimo Verlag GmbH

176

Abbildung L 2: Innenseite aus „Raveline Nr. 12/97
Quelle: A.E.C. Geronimo Verlag GmbH

Abbildung M 1: Levis, Anzeige, Photo: Davies & Davies/Z Management
Quelle: Levi Strauss Germany GmbH

Abbildung M 2: Levis, Anzeige Photo: Davies & Davies/Z Management
Quelle: Levi Strauss Germany GmbH

Abbildung N: Adidas, Streetball Challenge 1998, Einladungsfolder,
                Quelle: Adidas AG

Abbildung O: Swatch, MTV, Snowboarder u.a.: Einladungsanzeige
zum Snowboard-Event, Quelle: SMH Uhren und Mikro-
elektronik GmbH, Division Swatch Deutschland

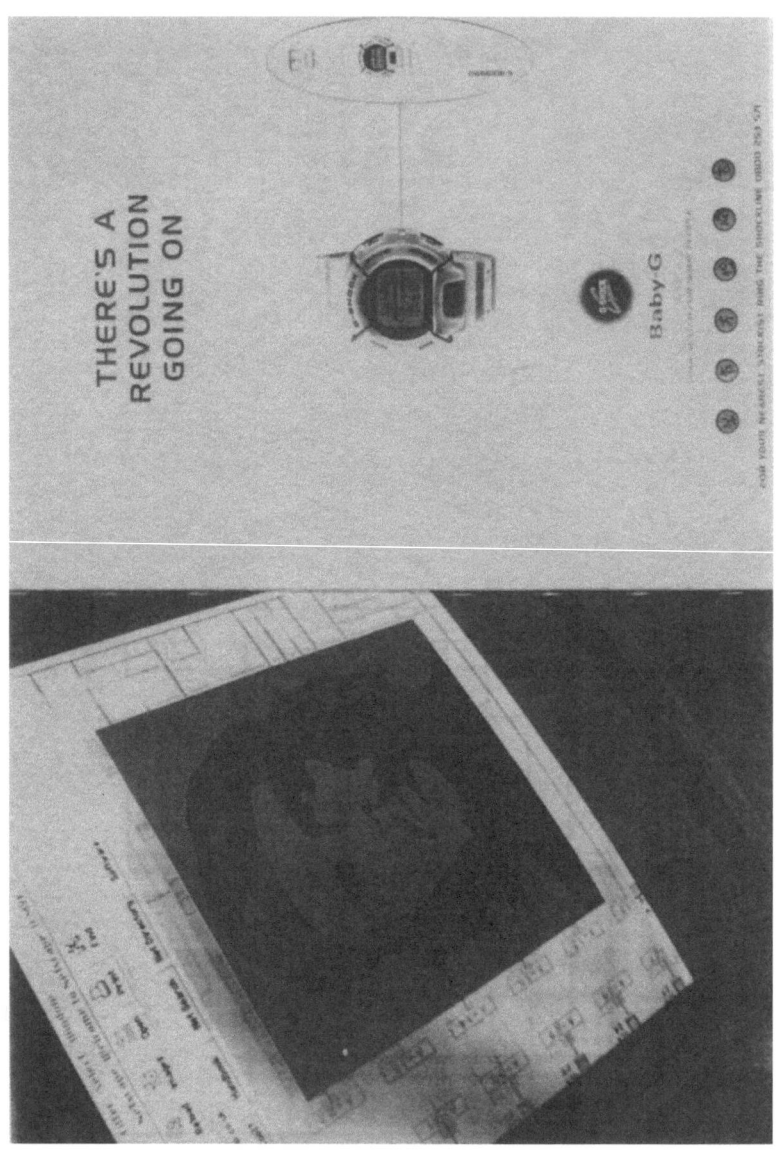

Abbildung P: Casio, Anzeige „G-Shock", gesehen in:
                        The Face, Nr. 12/97,
                        Quelle: Casio Computer Co. GmbH Deutschland

Abbildung Q: Casio, Anzeige „G-Shock, gesehen in:
                Amica, Nr. 6/97
                Quelle: Casio Computer Co. GmbH Deutschland

Die Autoren

Irméla Mienert, Diplom-Betriebs-
wirtin (FH), ist selbständige Unter-
nehmensberaterin in Fragen des Jugendmarketings und hat hierzu zahlreiche Artikel in der Fachpresse
publiziert. Darüber hinaus betreut
sie den Bereich Jugendkommunika-
tion in der Mainzer Werbeagentur
creco.

Dr. Klaus Scherer studierte Wirt-
schafts- und Sozialwissenschaften
an der Universität Mainz und war
dort als wissenschaftlicher Mitarbeiter in Lehre und Forschung tätig.
Nach seiner Promotion arbeitete er
am Institut für Demoskopie Allens-
bach sowie in leitender Position in
den Bereichen Marketing, Marktforschung und Werbung führender Unternehmen. Heute ist er geschäfts-
führender Gesellschafter der creco
agentur für creative communication,
Mainz.

MIX
Papier aus verantwortungsvollen Quellen
Paper from responsible sources
FSC® C105338

FSC
www.fsc.org

If you have any concerns about our products,
you can contact us on
ProductSafety@springernature.com

In case Publisher is established outside the EU,
the EU authorized representative is:
**Springer Nature Customer Service Center GmbH
Europaplatz 3, 69115 Heidelberg, Germany**

Printed by Libri Plureos GmbH
in Hamburg, Germany